algar

Consejo asesor de la colección

Ignacio Aranguren, Salvador Bataller y José Antonio Martínez

Títulos publicados

Existen unas propuestas didácticas referidas a este libro que se pueden descargar de forma gratuita desde la página web www.algareditorial.com.

Título original: *Le dîner de cons*
© Editions Ramsay, París, 1998
© Introducción: Antoni Navarro Amorós y Jorge Picó Puchades, 2024
© Versión: Palmira Feixas Guillamet, 2024
© Algar Editorial
 Apartado de correos 225 - 46600 Alzira
 www.algareditorial.com
Diseño de la colección: Carles Barrios
Imagen de cubierta: Enric Solbes
Impresión: Romanyà-Valls

1.ª edición: septiembre, 2024
ISBN: 978-84-9142-742-1
DL: V-2752-2024

Francis Veber

La cena de los idiotas

Introducción de Antoni Navarro Amorós
y Jorge Picó

Versión de Palmira Feixas

A nuestra gente de teatro,
por la responsabilidad y el compromiso
que adquieren al elegir esta profesión

ÍNDICE

Introducción

'LA CENA DE LOS IDIOTAS' Y LA ESCRITURA TEATRAL FRANCESA EN EL SIGLO XX

> Cuando vas al teatro y ves una tragedia, te involucras, participas, lloras, lloras, lloras... y luego te vas a casa y dices: ¡Qué bien he llorado hoy! Y te duermes a gusto.
>
> El discurso político ha pasado por ti como el agua por encima de un cristal. Mientras que para reírse hace falta inteligencia y agudeza.
>
> Con la risa se te abre la boca, pero también el cerebro, ¡y dentro del cerebro se te clavan los clavos de la razón!
>
> Molière

0. INTRODUCCIÓN

¿Qué sabemos del teatro francés contemporáneo? ¿En qué medida la escritura dramática del otro lado de los Pirineos ha influido en la española por el hecho de ser uno de sus vecinos más inmediatos? ¿Qué papel desempeña en la actualidad París en los ámbitos internacionales de creación teatral? ¿Qué nuevos proyectos laten en la ciudad que antaño fue conocida como la capital del teatro, donde se presentaron algunas de las innovaciones escénicas más importantes del siglo xx, desde el teatro laboratorio de Grotowsky, pasando por la escuela de *Le Corps Poétique* de Jacques Lecoq, hasta las creaciones colectivas de Ariane Mnouchkine o las investigaciones sociales de Peter Brook? ¿Cómo está resolviendo el país vecino la crisis teatral del cambio de siglo –esa búsqueda artística de nuevos espacios escénicos y de nuevas formas de expresión y de escritura teatrales–, que se caracteriza por mostrar *la verdad escénica* y el aprovechamiento de los elementos del circo y del teatro ambulante?

¿En qué medida el Festival de Aviñón, pese a sus crisis, sigue siendo una referencia mundial de la innovación artística, como ha demostrado en las últimas ediciones? ¿Qué parte de este gran peso específico teatral puede deberse al hecho de dar cabida a propuestas escénicas de procedencias geográficas y artísticas muy distintas? Porque alguna influencia debe de tener el que el festival se abra e invite a los nuevos artistas multidisciplinares más importantes del momento. Valgan como ejemplo las ediciones de 2005, en la que estuvo presente el trabajo del artista multidisciplinar flamenco Jan Fabre, y la de 2006, en la que se pudo presenciar, en una representación única e irrepetible, la obra *Paso doble*, del mallorquín Miquel Barceló, con el coreógrafo Josef Nadj.

Y, por último, ¿de qué manera la obra de Francis Veber –como veremos en *La cena de los idiotas*– enlaza con la tradición francesa de hacer crítica social, al igual que Molière en sus comedias, aplicando la consigna del teatro grecolatino *castigat ridendo mores* ('es preciso fustigar las costumbres por medio de la risa')?

En este prólogo intentaremos dar respuesta a estos y a otros interrogantes.

1. CONTEXTO SOCIAL: ¿QUÉ HAREMOS CON LOS COCHES QUEMADOS?[1]

Resulta difícil hablar del teatro francés contemporáneo sin mencionar lo que ocurre en Francia mientras escribimos esta introducción en pleno siglo XXI. Por eso, habida cuenta de que el teatro y la sociedad están unidos, conviene echar un vistazo al ámbito ciudadano antes de centrarnos en lo que sucede en los escenarios.

En esta visión panorámica, podríamos hacer hincapié en algunas disonancias que, en la actualidad, nos resultan más llamativas. Así, por ejemplo, para muchos, Francia es casi sinónimo de Europa; de hecho, es muy probable que, si preguntáramos a un individuo no europeo qué país del viejo continente le suena más o le gustaría conocer, conteste: «¡Francia, claro!». Sin embargo, en 2005 Francia rechazó el tratado constitucional europeo y, con este, el neoliberalismo, que es una de sus señas de identidad más significativas.

Por otra parte, a principios de 2006, las calles francesas destacaron por la gran cantidad de coches quemados a propósito en pocas noches. Coches incendiados a ritmo de rap por jóvenes excluidos de la sociedad del bienestar, en la que el ocio es el privilegio de unos pocos. Jóvenes marginados, víctimas de la enajenación de los *reality shows* de la telebasura, que lo único que hacían era deambular entre el hormigón de sus barrios dormitorio. Quemando coches

---

1. Para comprender mejor este apartado, véase *Un panorama de revuelta de un país que resiste* y, especialmente, el artículo «Francia 'enferma'», de Ignacio Ramonet, en *Le Monde Diplomatique*, número 126, abril de 2006.

imitaban los videojuegos o las películas que hacen apología de la violencia. Por fin salían por la tele, por fin eran los protagonistas. No olvidemos que, para muchos de ellos, la televisión es igual a la realidad.

Con todo, no debemos confundirnos: no era una revolución social, no era un nuevo Mayo del 68, sino un desahogo. Quemaban los coches de sus hermanos mayores, incendiaban las escuelas primarias donde estudiaban sus hermanos menores. No se rebelaban contra los ricos, no gritaban consignas claras, sino que simplemente gritaban. Cuando vives en las *banlieues* (los extrarradios o las ciudades dormitorio) –construidas y concebidas como un lugar para descansar, despertarse e ir a trabajar–, si te despiertas y no tienes trabajo, ¿qué haces? Si, además, el ministro del Interior de turno –cuyo nombre no quiero recordar– te llama *la racaille* ('la escoria'), ¿por qué no deberías pensar que es mejor hacer honor a semejante título? Así las cosas, tampoco es de extrañar, como ha ocurrido posteriormente, que los jóvenes franceses –y otros sectores de la sociedad– hayan luchado –con una fuerza y unos resultados considerables– para que no entre en vigor el CPE (Contrato de Primer Empleo), aplicado a los jóvenes de menos de veintiséis años, una ley que permitiría al patrón rescindir los contratos sin comunicarlo por escrito.

Desde fuera, para algunos, parece que hechos como los mencionados anteriormente son síntomas de un país en crisis; para otros, por el contrario, demuestran que, una vez más, los franceses llevan la delantera y dan una lección de asociacionismo y de cómo enseñar las uñas al poder. Por nuestra parte, solo hemos querido dar un par de pinceladas del panorama que, a grandes rasgos, envuelve la escritura francesa del momento y –de acuerdo con la manera en que se vive el teatro, como un espacio plural y ecléctico y no como un género único, ni unificado– dejar en el aire interrogantes abiertos: ¿se escribe más y mejor cuando aparentemente todo va bien, o es al contrario?; ¿sobre qué hace falta escribir cuando la realidad te desborda?

2. CONTEXTO TEATRAL: ¿HACIA DÓNDE VA EL TEATRO FRANCÉS?

2.1. ¿Está superado el teatro de texto?

La escritura francesa ha dejado atrás el siglo xx sin que se haya impuesto ninguna tendencia o concepción, ninguna forma a largo plazo; por el contrario, asistimos a una *permutación de las formas.*[2] Asimismo, en su escena también se produce un juego de predominancias y resistencias, ya que, tal y como hemos apuntado, no en vano el teatro constituye un espacio plural y ecléctico. En este juego, ni el texto ni el autor dramático –componentes teatrales de arraigada tradición– se han librado de perjuicios en su valoración, de ahí que seguir estas oscilaciones pueda servirnos de hilo conductor para llevar a cabo una primera aproximación al mundo escénico del siglo xx.

Así, a principios del siglo xx, ante la pérdida gradual de peso teatral que experimentaban el texto y el autor, dra-

---

2. Algunas de las ideas entrecomilladas del prólogo se han extraído de una conferencia de George Banu pronunciada en el marco de la XXI Muestra Nacional de Teatro celebrada en noviembre de 2001 en Guadalajara, México.

maturgos de la talla de Beckett, Genet, Adamov y Ionesco, entre otros, lucharon para revertir la situación, con el propósito de que no se cumpliera la profecía de Gordon Craig: «Cuando el director se convierta en un artista total, los autores dramáticos ya no serán necesarios». Craig expresaba un deseo utópico lleno de anhelos de libertad que tendían a liberar el espectáculo teatral del yugo del logocentrismo –la preponderancia de la palabra, del texto–, a favor del escenocentrismo –los aspectos no verbales del espectáculo–. Una utopía que no se cumplió, o al menos no de manera tajante e inmediata. Eso sucedía en los años cincuenta y los autores citados ya eran clásicos contemporáneos cuya obra podía encontrarse y leerse en editoriales que no publicaban únicamente teatro.

También contribuyó a impedir el ocaso del teatro de texto la consolidación de grandes parejas artísticas formadas por un director y un autor de teatro, como Jouvet y Giraudoux, Barrault y Claudel, Blin y Beckett, y, posteriormente, Tremblay y Brassard (en Quebec). Con esa simbiosis, el autor conjuraba su condición de especie en peligro de extinción, gracias a que, en palabras de Jouvet, contaba con el director de escena, es decir, el gestor de sus bienes espirituales, de su creación. Sin embargo, eso no impidió que dichos autores dieran la voz de alarma sobre el posible agotamiento de las historias, sobre todo Beckett, al proclamar en su obra *Ohio Impromptu*: «*Little is left to tell*» ('queda poco por contar'), aunque, tal y como apuntaba Italo Calvino,[3] «por agotadas que estén, por poco que quede

---

3. Italo Calvino, *Seis propuestas para el próximo milenio*, Siruela, pág. 144.

por contar, todavía se sigue contando». Y tal vez siempre quede algo que decir mientras esperamos que esta frase siga siendo verdad.

Pero entonces llegan los años sesenta y la época de las aventuras colectivas, enemigas del texto previo. Algunas de ellas todavía perduran, como el Théâtre du Soleil, cuyas nociones de fiesta, teatro y compromiso político se hacen eco del Mayo del 68. No obstante, pese a que esos grupos empiezan basando sus espectáculos en creaciones colectivas —como posteriormente Els Joglars o Els Comediants por estos lares—, al final se alían con la figura del autor, como es el caso de Hélène Cixous y el Théâtre du Soleil.

Si damos un salto hacia la década posterior, la de los setenta, vuelve a postularse el declive del texto, como traslucen las palabras del director Antoine Vitez, que declaró: «*Faire théâtre de tout*»[4] ('hacer teatro de todo'), que es una forma de reconocer que los autores de teatro ya no son imprescindibles, porque, a la hora de crear escenas, sirven tanto una novela, unos poemas o unos recortes de periódico como el texto dramático propiamente dicho. El texto, entendido como una partitura que debe interpretarse, ya no es la única fuente de materia escénica, sino que solo se antoja una posibilidad más que entra en competencia con otras opciones. Según Thibadaut, periodista del diario *Libération*, en esa época los escritores de profesión empiezan a dejar de escribir teatro y las grandes editoriales francesas,

---

4. Para más información, véase el prólogo «Las tribulaciones del Teatro Contemporáneo», de Jean-Pierre Thibaudat, publicado en *Théâtre Français Contemporain*, en 1999, por el ministerio francés de Asuntos Exteriores.

como Gallimard, Seuil, etc., comienzan a abandonar la publicación de ese género. Ya no existen figuras como Albert Camus o Jean-Paul Sartre, que se acercan al teatro, y parece que esa clase de escritura entra en un gueto. Con todo, algunas pequeñas editoriales con una actitud sumamente militante, como L'Avant-Scène, Éditions Théâtrales, Actes Sud, Papiers i L'Arche, se arriesgan y mantienen viva la llama de las publicaciones teatrales. Mención especial merece la editorial Les Solitaires Intempestifs, fundada por el autor Jean-Luc Lagarce.

Sin embargo, durante los años ochenta y noventa, subsiste el binomio artístico director-autor, con casos como el de Lassalle-Vinaver, Cantarella-Minyana y Lavaudant-Bailly, así como otros que se refugian en las famosas Scènes Nationales francesas,[5] y persisten en la tradición de simbiosis creativa iniciada en los años cincuenta. Con todo, la asociación artística más famosa es la de Patrice Chéreau y Bernard-Marie Koltès. El de Koltès[6] es un caso aparte; admirado y repudiado a la vez, su escritura ilumina el panorama teatral francés y europeo, ya que es una especie de creador *fénix* capaz de mezclar la cotidianidad con lo mítico, el lenguaje directo con la metáfora. Pero lo más probable es que, sin las puestas en escena de Chéreau, fuera prácticamente un desconocido. También cabe destacar a Armand Gatti, autor de más de cincuenta obras de teatro, aunque apenas es conocido en España, que llenó el panorama teatral francés

---

5. Son los teatros franceses con mayor dotación presupuestaria, cuyo equivalente en España sería la Red de Teatros Españoles.
6. Véase el número 395, de febrero de 2001, de la revista *Magazine Littéraire*, dedicado a Koltès.

reivindicando la palabra como el arma de un guerrillero, la palabra como un cuerpo a cuerpo. Una autoría que se aleja del teatro como vitrina cultural y que se opone al teatro de la imagen. Un tipo de teatro, este último, que, como le sucede a Philippe Genty, acostumbra a viajar más y mejor que el del texto.

Para avanzar en esta panorámica que tratamos de trazar, conviene preguntarse: ¿qué sucede ahora? ¿Cómo se manifiesta y se concreta esa permutación de las formas a la que se refiere Banu? ¿Qué focos iluminan al autor contemporáneo francés?

La respuesta es que no sabemos exactamente en qué situación se halla la autoría teatral en el siglo XXI, hacia dónde va o por dónde puede aparecer, pero sí sabemos que conviene buscarla en distintos lugares. Las viejas polémicas como esta, la de la oposición entre el teatro de texto y el teatro de imágenes, parecían superadas, pero en el Festival de Teatro de Aviñón de 2005 se volvió a plantear el tema. Así, por ejemplo, Robert Abirached[7] señalaba que lo que volvía a dar pudor era el arte por el arte. Y que los autores escénicos, en la mejor tradición de Craig, hablaban de la violencia contemporánea, pero carecían de la distancia, el humor y la capacidad de transmitirla por medio de la parábola que caracterizaban a los clásicos. Acusaba a algunos autores de arrojar la violencia a la cara, como un jarro de agua fría, sin molestarse en indicar dónde se encuentra el armario de las toallas para secarse.

---

7. Las ideas que se exponen a continuación son las que desarrolla este crítico en el artículo «Le théâtre de texte confronté à celui des images» publicado en *Le Monde* el 5 de septiembre de 2005.

Pero, por otra parte, pese a que el teatro francés contemporáneo, como casi todo el teatro europeo, ha experimentado la misma desestructuración que sufre la sociedad, también ha llegado a comprender que muchas islas de autores forman un archipiélago y que existen vías de confluencia, de acuerdo, como el hecho de propugnar que en la actualidad la palabra dramática se encarna en el cuerpo. Así, muchos dramaturgos han asumido que aquello que forma un espectáculo es una especie de mirada que lo abarca todo, no centrada exclusivamente en el texto, pero que también es necesario salvaguardar el lenguaje frente al bombardeo de imágenes. Y se ha llegado a esta solución confluente porque muchos de ellos, además de escribir, también dirigen, como Olivier Py, y otros actúan y escriben. Y, al mismo tiempo, la mayoría de escritores teatrales muestran una voluntad de defender, consciente o inconscientemente, la palabra y la lengua francesa, como si hubieran tomado el relevo de los clásicos. A fin de cuentas, como puede confirmar cualquiera que haya trabajado en algún instituto francés, frente al avance imparable del inglés, a la lengua y a la cultura francesas, a su teatro, no les queda más remedio que seducir y dar facilidades, integrar todas las facetas comunicativas actuales para no seguir perdiendo terreno.

De momento, para no perder cuota de mercado, en los escenarios franceses asoman múltiples temáticas que pueden ser un revulsivo para seducir a los espectadores: el hombre dividido, amores fracasados, el desencanto respecto a otras personas... Ni más ni menos que retazos humanos en forma de *collage*, que llegan a amalgamarse según la situación que les toque vivir, como refleja la obra de Philippe

Minyana[8] o de Noëlle Renaude. Se trata del llamado *teatro de la cotidianidad*, de pequeños personajes sin importancia, cuyas vidas son bastante insignificantes, aunque albergan grandes sueños, como decía el poeta Prévert. Autores que han decidido que el escenario es el lugar desde donde se habla.[9] Un teatro que también domina a la perfección Michel Vinaver,[10] heredero del teatro de cámara, preciso en la partitura teatral, próximo al teatro íntimo que practicaba Adrià Gual, con escenografías sencillas; teatro de actores, en definitiva.

También observamos un teatro de la esperanza, deudor de Beckett, que hace avanzar a sus personajes pese a sus maltrechas existencias. La práctica del monólogo ha dado buenos frutos teatrales en la tierra de Molière. Buen ejemplo de ello son Enzo Corman o Valère Novarina, dos autores de referencia en la escena contemporánea francesa, dado que han sido representados en la Comédie Française.[11] El primero trabaja con la noción de parábola, como un circunloquio, un rodeo o una desviación que le permite incidir en un aspecto problemático de la sociedad evitando el choque frontal. En esta parábola, los personajes serían una especie de asistentes, de entes interpuestos que vehiculan el examen del problema en cuestión con las herramientas de la ficción dramática: «Poetizar la política, politizar la poesía:

---

8. Para más información sobre el autor, véase *Philippe Minyana ou La Parole visible*, Éditions Théâtrales, 2000.
9. Véase la entrevista a Noëlle Renaude en la revista *Mouvement*, núm. 39, abril-junio de 2006.
10. *La petición de empleo. Nina es diferente*, publicado por ADE con una traducción y una introducción de Fernando Gómez Grande.
11. Concretamente en 2006 con su obra *L'Espace furieux*.

imposible polipoético de la renovación dramática».[12] Novarina también es ensayista, como demuestran con creces su *Carta a los actores* y *Para Louis de Funès*.[13] Son ejemplos de autores que pasan sin complejos de la práctica a la teoría, con voluntad de compromiso y unos resultados de lo más alentadores. Pero, además, su práctica teatral es polimórfica, dado que, en el caso de Novarina, abraza tanto el teatro musical como la *performance* e incluso las marionetas. De hecho, la compañía de marionetas Théâtre Qui montó su obra *Vous qui habitez le temps*.

A propósito de las marionetas, cabe añadir que el teatro infantil también cuenta con grandes autores en Francia. Entre ellos destaca Fabrice Melquiot (que compagina el teatro para niños –con un personaje tan famoso como Bouli– con la escritura para adultos) o Damien Bouvet, un actor-autor que, con su compañía Voix-Off –constantemente de gira por Francia–, consigue creaciones visuales irónicas y llenas de humor al alcance del espectador más joven.

2.2. El teatro como respuesta social

El teatro siempre ha sido una forma de expresión que ha sabido tomar el pulso de los cambios y los movimientos sociales y reflejarlos en escena, como un espejo que muestra

---

12. Palabras de Enzo Corman en *Feuille de route* del colectivo internacional de escritores reunidos en julio de 2003 en San Miniato en el marco de la universidad de verano Prima del Teatro.

13. Publicado en la colección «Teatro Siglo XX» de la Universitat de València con traducción e introducción de Fernando Gómez Grande.

la verdad. Sin embargo, los teatros comerciales, e incluso los subvencionados, arrastran unos condicionantes económicos y de otros tipos tan fuertes que no pueden dejar de ser espejos parciales que raras veces se permiten riesgos y propuestas de escritura que, por el contrario, son la seña distintiva de los montajes de las salas alternativas como las que han proliferado en París. Tanto es así que ya se habla de un nuevo *Eldorado teatral*,[14] formado por el triángulo Bastille-Porte de Clignancourt-Porte de Montreuil, donde se hacen representaciones en bajos o apartamentos, iluminados con tubos halógenos. Son la otra cara de la moneda del teatro privado, a veces de tan buena calidad como la cara más *oficial*, espacios donde abunda la presencia de obras de Coline Serreau, Francis Veber, Éric-Emmanuel Schmitt o Yasmina Reza, todos ellos autores de éxito dentro y fuera de Francia.

Además, los dramaturgos ponen en marcha nuevas estrategias, aparte de la ya mencionada de las salas alternativas y del teatro como tribuna o asamblea colectiva. Por ejemplo, los talleres de escritura, como los que dirige Enzo Corman en el Departamento de Dramaturgia del Conservatorio de Lyon. O los que imparte el autor Michel Azama, fundador de la revista *Les Cahiers du Prospère*, dedicada a los escritores teatrales contemporáneos. En París, los autores exigieron programar y gestionar por sí mismos y para sí mismos un teatro, y consiguieron poner en marcha el Théâtre du Rond-Point, dirigido por Jean-Michel Ribes, con una programación de autores contemporáneos vivos.

---

14. Véase el artículo «L'Est parisien, nouvel Eldorado théâtral» publicado en el diario *Le Monde* el 9 de marzo de 2006.

El autor francés actual pide, reivindica e inventa canales para que se oiga su voz, pero, a pesar de la coincidencia reivindicativa, sus planteamientos pueden ser muy variados. Así, Christian Benedetti, un director de origen humilde, tiene estos objetivos teatrales tan claros y definidos: «Hago teatro porque es útil; el arte por el arte no me interesa. Vengo de un entorno muy sencillo y siempre he querido hacer espectáculos que pueda comprender mi madre». Con estos planteamientos puso en marcha, en una antigua bodega de vinos de Alfortville, el Théâtre Studio, consagrado exclusivamente a la creación contemporánea. Un teatro y una experiencia que abre puertas a los autores, los actores y la gente del mundillo de la escena, y que se adhiere a la fórmula de Stanislavski y de Dánchenko para calificar el arte escénico: «artístico, popular y accesible a todo el mundo». Benedetti monta obras del inglés Edward Bond y acoge en su teatro a la joven serbia Biljana Srbljanovic como autora residente. Al igual que la coreógrafa Maguy Marin en Rillieux-la-Pape, intenta que la autoría-dirección y el barrio se integren y tengan un sentido colectivo. Tanto es así que hasta los arquitectos diseñan los locales teatrales con pilares en el exterior para que los jóvenes de la *banlieue* puedan usarlos para escribir como si fueran los muros de su barrio, con el objetivo de que el teatro no les resulte tan extraño.

En relación con lo dicho, existe un dato significativo, entre muchos otros, que puede haber servido de estímulo para esa vitalidad creativa, y es que Francia sabe cobijar y consagrar propuestas más vanguardistas que las propias, como demuestra el hecho de que un autor forjado en las salas alternativas madrileñas, Rodrigo García, sea mejor recibido, o al menos sea más programado, en el país vecino que en España. Y es que Francia es un país de inmigrantes, un país de acogida, que sabe apropiarse de autores procedentes de otros países –valga como ejemplo el mismo Rodrigo García– y también propicia que se queden a trabajar de manera fija durante largas temporadas en teatros franceses, como es el caso del italiano Pippo del Bono, que practica un teatro heredero de las propuestas de Eugenio Barba y del Odin Teatret. Hasta un autor inglés, como el ya mencionado Edward Bond, da la impresión de encontrarse más a gusto creando en Francia que en Inglaterra. Es como si Francia estuviera más abierta a la experimentación y al mestizaje que otros países de su entorno, y eso explica que otro dramaturgo inglés, Peter Brook, eligiera a propósito París para seguir su proceso de investigación en el teatro Bouffes du Nord, acompañado a veces por Jean-Claude Carrière, dramaturgo y antiguo colaborador de Buñuel.

Está claro que, si descubrir otras escrituras teatrales y apropiárselas puede servir de tónico para mantener una buena salud en este ámbito creativo, igual o más asimilable y provechosa ha sido para la escena francesa la influencia de los territorios de la famosa francofonía. Aquí incluiríamos a autores quebequeses (como Michel Tremblay, Normand Chaurette o Marie Laberge) o africanos y magrebíes, como el argelino Fellag. La programación estable del Théâtre de la Colline, dirigido por Alain Françon, contribuye a descubrir, asimilar y aprovechar esas aportaciones francesas de fuera de Francia. ¿Cómo? Pues invitando a los autores a reflexionar sobre la práctica escénica, programándolos, dándoles las oportunidades y el tiempo necesarios. En lo que respecta al tiempo, conviene pensar que, a fin de cuentas, los autores son como las verduras: cada una necesita su tiempo de cocción.

Por otra parte, conviene recordar el circo-arte, que tanto impulso tiene en Francia y que reivindica el papel y la dignidad de esta clase de autoría teatral. Se trata de una corriente teatral iniciada por Archaos y el Cirque Plume, hace más de treinta años, con nuevas compañías que siguen indagando en las fronteras entre la teatralidad y el circo. Un autor tan visual, cómico y con un humor típicamente francés como Jérôme Deschamps, heredero de Jacques Tati, incluye malabares y acrobacias en sus obras. Aquí los ejemplos más conocidos son Bartabas, con su circo Zingaro; el Cirque de la Licorne, dirigido por Claire Dancoisne; el Archaos y el Cirque Plume, de Johann Le Guillerm y su compañía Cirque Ici; la compañía Lonely Circus y el autor Filip Forgeau, o David Bobée y Ronan Chéneau tratando de conseguir que el texto teatral, el virtuosismo circense y el espacio circular propio de la pista se contaminen mutuamente. Una contaminación que nos lleva a mencionar el teatro de calle y Royal de Luxe, la compañía francesa más vanguardista que encabeza una oleada que va más allá de este formato, porque lleva a cabo un cuestionamiento del espacio público mientras intenta recrear un acto social. Buena muestra de ello son las compañías KompleX KapharnaüM, Ici-Même, T. Public o Kumulus.

Como vemos, un panorama bastante abierto, en el que el concepto de autoría se manifiesta donde puede, a veces en el gran escaparate parisino y otras en la periferia; donde puede abrirse camino esa obsesión tan francesa de buscar un teatro popular, un teatro a la medida de su gente. Nos imaginamos a los creadores teatrales, al salir de los ensayos, cruzando las calles llenas de coches ardiendo y jóvenes manifestándose. Resulta difícil que no pongan en duda la

función de su obra, que no se pregunten cómo tratar al público como ciudadano, porque, al fin y al cabo, la escritura
teatral está condicionada por los movimientos sociales y
plantea muchos interrogantes. Pero ¿acaso no es preferible
plantearse preguntas a tener respuestas equivocadas? Ese es
el cometido de las palabras.

3. 'LA CENA DE LOS IDIOTAS', LA FÓRMULA DE LA COMEDIA

3.1. Francis Veber, un artesano de la risa

Francis Veber nació en Francia (Neuilly-sur-Seine, 1937),
aunque reside en Estados Unidos desde hace años. Proceden-
te de un hogar de letraheridos, no tarda en seguir la tradición
familiar y pasa del periodismo a la redacción de *sketches*,
narraciones y obras de teatro. Precisamente el éxito que
consiguió en 1968 con su primera comedia, *L'enlèvement*, lo
encauza definitivamente hacia el mundo de la escritura y se
especializa en el registro cómico que más adelante le permite
dar el salto al cine, que tanto le apasiona. Antes de lanzarse
a la dirección cinematográfica, durante mucho tiempo fue
guionista y redactor de diálogos para otros cineastas como
Édouard Molinaro –*El embrollón* (*L'emmerdeur,* 1973) o
La jaula de las locas (*La cage aux folles,* 1978)–, Billy Wil-
der –*Aquí un amigo* (*Buddy Buddy,* 1981)–, James Burrows
–*Algo más que colegas* (*Partners,* 1982)–, Steve Miner –*Mi
padre, ¡qué ligue!* (*My Father the Hero,* 1994)–, Mike Nichols
–*Una jaula de grillos* (*The Birdcage,* 1996)– o Ivan Reitman
–*Un lío padre* (*Father's Day,* 1997).

Su primera película como director es *El juguete* (*Le jouet*, 1976), realizada con la complicidad del actor Pierre Richard. Con él conoce el éxito en su segundo film, *La cabra* (*La chèvre*, 1981), en el que su actor cómico fetiche da réplica a Gérard Depardieu. Francis Veber vuelve a unir a la pareja en *Compadres* (*Les compères*, 1983) y *Dos fugitivos* (*Les fugitifs*, 1986). Más tarde, dirige dos *remakes* de sus comedias en Estados Unidos. Paralelamente, en Francia, confronta a Patrick Bruel y Jean Reno en la película *El jaguar* (*Le jaguar*, 1996). Pero el gran reconocimiento mundial le llega precisamente con *La cena de los idiotas* (*Le dîner de cons*, 1998), que, al año siguiente, consigue tres premios César (los Goya franceses) y más de nueve millones de espectadores solo en Francia. A partir de entonces, encadena éxitos cinematográficos, con films tan conocidos internacionalmente como *Salir del armario* (*Le placard*, 2001) o *¡Que te calles!* (*Tais-toi!*, 2003). De ahí que Francis Veber, a sus más de ochenta años, sea considerado el comediógrafo francés por antonomasia y un valor muy sólido de la comedia en toda Europa.

Con todo, Francis Veber es una *rara avis* en el panorama teatral francés de finales del siglo xx, esbozado en la primera parte de la introducción, ya que, tal y como hemos apuntado, desde muy pronto compagina su faceta de escritor, guionista y director de teatro con una prolífica carrera cinematográfica. Y tanto en el caso del teatro como del cine es, ante todo, un creador de situaciones cómicas que funcionan como mecanismos de relojería. En la mejor tradición francesa de las comedias de situación que cultivaba Molière, Veber sabe cómo centrarse en los detalles de la naturaleza humana con el fin de extraer visiones universales.

De hecho, lleva más de cincuenta años escribiendo comedias de toda clase y usando su fórmula más exitosa: juntar a dos personajes antitéticos en una relación de dependencia mutua, tal y como hizo en su penúltima película, *El juego de los idiotas* (*La doublure,* 2006), donde un aparcacoches de calle y un multimillonario se ven obligados a relacionarse por circunstancias del azar.

En definitiva, pese a que el cine le ha dado un reconocimiento internacional, Veber jamás ha dejado de lado la escritura teatral y la dirección escénica desde que en 1968 presentó *L'enlèvement*. En 1969 estrenó *El contrato* (*Le contrat*) y en 1971, *Du côté de chez l'autre* (adaptación de *How the Other Half Loves*, de Alan Ayckbourn), hasta que, en 1993, con *La cena de los idiotas*, dirigida por Pierre Mondy, se hizo famoso por el enorme éxito que cosechó la comedia. Y en 2008 continuó con otra comedia, una nueva versión de *El embrollón* (*L'emmerdeur*), que dirigió él mismo.

3.2. Una cena para reírse, llorar y pensar

La cena de los idiotas se estrenó en el contexto sociocultural y artístico descrito en los apartados 1 y 2. Aparentemente, la historia es muy sencilla. Se trata de un grupo de amigos que se reúnen para cenar todos los martes. Cada uno debe acudir acompañado por un idiota; gana el que lleve al más estúpido. Una noche, uno de los amigos, Jacobo Agudo, un editor acomodado de la capital que todavía no ha encontrado a ningún ingenuo digno de ser presentado, se deja aconsejar por un amigo que le recomienda llevar a Francisco Hueso, un funcionario de Hacienda obsesionado con hacer maquetas a base de cerillas. Como aún no lo conoce, Agudo decide invitarlo a su casa, algo que, a la larga, se convierte en una de las peores pesadillas de su vida. La situación no deja de complicarse en un bucle infinito: el idiota no solo le agrava el lumbago, sino que además consigue que su mujer lo abandone; que aparezca Malena, una examante obsesionada con él; que se vea obligado a recurrir a su mejor examigo, con quien no hablaba desde hacía tiempo; que un inspector fiscal lo investigue, etc.

Francis Veber presenta una comedia de casi un solo acto, apenas en un único escenario y basada principalmente en la conversación entre los personajes. Un planteamiento que mantendrá posteriormente en la versión cinematográfica, que, de hecho, resulta muy teatral. Tanto en la obra de teatro como en la película, nada más conocer la idiosincrasia de los personajes, intuimos que nos mondaremos de risa, pero luego descubrimos que la cosa no es así en absoluto. El aparente idiota de la obra se pasa la mitad del tiempo metiendo la pata sin querer y la otra mitad intentando arreglarlo. Como en muchas de las historias de Charlot, resulta que el supuesto bobo tiene mucho sentido común y, sobre todo, que es una gran persona. Al final, se produce lo que Alfonso Paso llamaba «una tragedia imperfecta», porque los personajes experimentan situaciones límite de crueldad humana y el público no deja de reírse; sin embargo, una vez en casa, en nuestra propia soledad, la tragedia se nos revela en toda su magnitud.

Tal vez se podrían criticar algunos toques de sensiblería que restan mérito al conjunto de la obra, así como el hecho de que esta prácticamente termine como una fábula moral con moraleja incluida. Porque es evidente que, al fin y al cabo, la obra pretende ser una crítica moralizante de la crueldad de Jacobo Agudo y de la clase social que representa, la alta burguesía aburrida y decadente. Sin embargo, pese a todo, los mecanismos de la comedia funcionan perfectamente, como explica la cita de Molière que encabeza la introducción. Así, las geniales intervenciones telefónicas de Hueso (hasta la última en el último minuto) y la humanización de su personaje, infeliz y mediocre, pero deseoso de caer bien, hacen que la venganza contra la crueldad mencionada sepa a poco.

3.3. Algunos recursos de la comicidad

3.3.1. El dúo cómico

Un dúo cómico es una pareja de personajes o humoristas cuyo principal y único objetivo es hacer reír al público, siguiendo siempre la misma estructura: uno hace de Augusto (representa el instinto y es desmesurado, inesperado y desordenado), mientras que el otro hace de Payaso blanco (representa la ley y es serio, inteligente y racional). Aunque, en apariencia, este domine la situación, el verdadero protagonista y el que logra arrancar las risas y el afecto del público será Augusto, como sucede en *La cena de los idiotas* y en otras comedias estructuradas a partir de un dúo cómico, como Stan Laurel y Oliver Hardy, Charlot y el policía o Jerry Lewis y Dean Martin, por poner tres ejemplos clásicos.

La fórmula del dúo cómico es muy sencilla: si encerramos a dos personajes completamente antitéticos en una habitación, tendremos asegurada una comedia de lo más hilarante. Así nació el dúo cómico Hueso-Agudo. Si analizamos con detalle esta fórmula humorística, que es uno de los recursos en los que se basa el éxito de Francis Veber tanto en el teatro como en el cine, tendremos, por una parte, al idiota –que se revela como el auténtico protagonista–, François Pignon (Francisco Hueso en esta traducción), y, por otra, al listo, Pierre Brochant (Jacobo Agudo en esta traducción). El primero es un personaje recurrente que aparece en distintas comedias del autor con el nombre de François Pignon o de François Perrin. El caso es que este personaje de ficción, con sus rasgos más significativos, ha pasado a formar parte del imaginario colectivo del folclore de los franceses, entre otras razones por haber sido interpretado por actores de primera clase, como Jacques Brel (*L'emmerdeur*), Gérard Depardieu (*Les fugitifs*), Patrick Bruel (*Le jaguar*) o Jacques Villeret (*Le dîner de cons*). En todos los casos, pese a los distintos matices interpretativos, el personaje se caracteriza por una ingenuidad que desarma, por un exceso de amabilidad y por un deseo exagerado de gustar. Por otra parte, además de no tener ni la más remota idea de la maldad humana, tiene la manía de querer ayudar a los demás, quieran o no.

Su contrapunto, el personaje antagonista en la comedia, es Jacobo Agudo (un apellido que permite hacer la broma lingüística paronímica –Agudo/Cornudo– una vez que se descubre que su mujer lo engaña). Jacobo Agudo, cínico y egoísta hasta extremos insospechables, se considera un *winner*, un triunfador; representa el grupo de los ganadores. Forma parte de una tipología de personas que se creen con derecho a burlarse de toda clase de mortales a quienes consideran *losers* o perdedores, como los idiotas que les sirven de distracción, las mujeres que solo les procuran sexo o compañía social, los amigos a los que quitan la novia, etc.

3.3.2. El 'quidproquo'

Para hacer una radiografía del alma humana, nada como el recurso teatral del *quidproquo* (del latín *quid pro quo*, 'tomar una cosa por otra'), que es una fuente inagotable de situaciones cómicas, como demuestra *La cena de los idiotas*, aunque a veces también trágicas (como sucede en la tragedia griega clásica *Edipo*, por ejemplo). Se trata de un recurso con infinidad de posibilidades, dado que las confusiones pueden ser de distintas clases. Las más habituales son: a) confundir un personaje con otro (por ejemplo, cuando Francisco Hueso confunde a la esposa, Cristina, con la amante, Malena, y todas las situaciones tragicómicas que eso genera); b) tomar una situación por otra (el inspector de Hacienda está tan volcado en su profesión que, pese a que va a hacer un favor personal, acaba llevando a cabo una registro en toda regla de las finanzas de la persona a la que iba a ayudar, en principio); c) ejecutar una acción en lugar de otra (así, Hueso llama por teléfono para informarse de algo concreto, pero la conversación le hace olvidar el motivo real de su llamada y se convierte en el informador), etc.

3.3.3. El enredador

Francisco Hueso, el nuevo *amigo* que se ha buscado Jacobo Agudo, el *personaje noble* de la comedia, para burlarse de él y que así resalten más sus propias cualidades, es una versión moderna del *gracioso* o *criado enredador* al estilo del Arlequín de la *Commedia dell'Arte* (*El criado de dos amos*), del bobo (del teatro de Lope de Vega en el Barroco español) o del aguafiestas de los sainetes. En definitiva, se trata del personaje del enredador, del *emmerdeur* en la tradición francesa, que al principio puede parecer absurdo y fuera de la realidad, pero que, a medida que avanza la trama, nos convence de que la vida es así de sencilla y de absurda. A continuación, una vez que el espectador ya conoce en detalle los problemas vitales de esos personajes, descubre nuevos matices y posibles soluciones de ese drama nada maniqueo. Entonces se da cuenta de la agudeza del autor y de su estrategia para hacer reflexionar sobre la estupidez y la grandeza del ser humano. El idiota no descansa hasta que cae el telón:

> HUESO. *(Por teléfono).* ¿Diga?... Sí, señora Agudo, no cuelgue, ahora se lo paso... ¿Cómo?... *(Incómodo).* No, ya no estoy en la calle, vuelvo a estar en casa de su marido, efectivamente, pero se lo puedo explicar... ¿Me oye?... ¿Me oye?...
> JACOBO. *(Estalla).* ¡Qué idiota! Pero ¡qué idiota! Pero ¡qué pedazo de idiota!
> HUESO. *(Precipitadamente).* ¡Vuelvo a llamarla! ¡Vuelvo a llamarla! ¡Le digo que vuelvo a llamarla! ¡Todo se arreglará!
>
> *(Marca febrilmente el número de teléfono, mientras cae el telón y JACOBO sigue poniendo al cielo por testigo).*

3.3.4. La ironía

En esta obra, otro recurso cómico y, al mismo tiempo, fuente de conflictos es la ironía (del latín *ironia* y del griego *eironeia*, 'disimulación', 'expresar lo contrario de lo que se piensa'). En su diccionario, Patrice Pavis[15] afirma: «Hay

---

15. Patrice Pavis, *Diccionario del teatro*, Editorial Paidós.

ironía cuando un mismo enunciado revela, más allá de su sentido evidente y primario, un sentido profundo, a menudo contrario al primero. Algunos signos (la entonación, la situación, el conocimiento de la realidad descrita) indican, de manera más o menos directa, que es preciso superar el sentido evidente para remplazarlo por su contrario». Porque, aunque lo que dice el emisor es totalmente diferente de lo que piensa o siente, es imprescindible que este deje claro el verdadero sentido, lo que realmente piensa o siente. Eso implica que el emisor y el receptor deben conocer el contexto y deben encontrarse en una misma situación comunicativa.

Pero, en lo que atañe a *La cena de los idiotas*, esa comprensión no se produce entre los interlocutores ficticios, es decir, entre los personajes, sino entre los elementos de la comunicación real (el autor y los lectores o espectadores), algo que genera el primer grado de la risa de estos, dado que saben y entienden más cosas que uno de los personajes. Esa ironía teatral se convierte en un principio estructural vinculado a la situación, según Pavis: «El espectador experimenta la ironía dramática cuando percibe los elementos de la intriga que permanecen ocultos para el personaje y que le impiden actuar con conocimiento de causa».

En este caso, entre los personajes del dúo cómico no se alcanza una comunicación correcta que supere el enturbiamiento lingüístico causado por la ironía, porque sus intenciones y actitudes son totalmente diferentes, opuestas. Así, mientras que el emisor ficticio Jacobo Agudo se burla de Francisco Hueso, pese a que, por el significado literal de sus palabras, parece que lo aprecia y elogia sus cualidades y sus producciones *artísticas*, este arquitecto-escultor de cerillas está contento y satisfecho porque, con su inocencia/

ignorancia, no entiende el significado real, no capta la ironía y cree que, por fin, alguien lo valora y aprecia lo que hace. Por eso «no actúa con conocimiento de causa», ni de la burla cruel de Agudo, ni del grado de su estupidez, puesto que Hueso tarda mucho en ser consciente de la dura realidad y, cuando la descubre, sentimos la misma tristeza que él.

> HUESO. No, necesito una respuesta: ¿por qué me invitó a esa cena, señor Agudo? (*JACOBO no contesta. Da la impresión de haberse olvidado de la presencia de HUESO. Se bebe un buen trago de* whisky). No me marcharé hasta que no me conteste. ¿Por qué me invitó a esa cena?
>
> JACOBO. (*Por fin se vuelve hacia él*). En cualquier caso, puedo decirle algo. A causa de esa cena, llevo dos horas recibiendo leches. Fuera una cena de idiotas o no, lo he pagado muy caro. Y también puedo decirle que, en una sola noche, usted ha vengado a todos los idiotas que han participado en todas las cenas de idiotas a lo largo de las épocas en todo el mundo. Nada más. Buenas noches, señor Hueso.

> (*HUESO lo mira un instante y luego dice, con tristeza*).

> HUESO. Tenía razón ella; es usted malvado, señor Agudo.

Pero todavía tarda más en comprender en qué medida sus meteduras de pata dan un vuelco a la vida de su anfitrión, hasta el punto de que este se convierte en el burlador burlado, algo que, por solidaridad con el débil, es lo que realmente nos hace reír, nos lleva al segundo grado de la risa, a la más satisfactoria.

3.4. La comedia de costumbres y la perspectiva escénica

Siguiendo la tradición de Molière, Francis Veber se inventa una fábula sobre la mentira y la crueldad para criticar al grupo social de los vencedores, tal y como hemos apuntado, pero también para enderezar la estúpida obsesión de los no tan favorecidos, «la masa, la mayoría silenciosa», de querer parecerse a los primeros. El imbécil de la historia, que en realidad podría ser cualquiera de nosotros, está pletórico porque cree que, gracias a su habilidad con las cerillas, está a punto de cumplir su sueño de alternar con la alta burguesía parisina (madrileña, en nuestro caso) y vislumbra la oportunidad de sacar provecho de esa relación. Así, a lo largo de la obra, se critican las aspiraciones de la clase media de prosperar a cualquier precio.

Lo que no se imagina Hueso es que esa burguesía esnob y arrogante, que se divierte a costa de los pobres imbéciles de turno, lo ha elegido a él como objeto de diversión. Pero el público sí que es consciente del engaño. Entonces se ponen en marcha los mecanismos de la comedia de costumbres y el *castigat ridendo mores* surte efecto por partida doble. Por una parte, vemos la escena del *regador regado* o del *burlador burlado* al estilo Charlot, representado por la figura del rico ambicioso que quiere ganar el concurso de idiotas como sea, sin hacer caso a su médico, que le recomienda reposo. Y, por otra parte, acabamos escarmentados por habernos solidarizado en algún momento con el supuesto perdedor, dado que este también tiene una parte ambiciosa y estúpida, aunque menor que la del otro.

35

Francis Veber, al igual que Molière anteriormente, examina la sociedad con el fin de mostrar sus imperfecciones. Pero, en su caso, las críticas no van dirigidas hacia la civilización, ni la religión, la política, la economía o las instituciones, sino que se centran en los individuos de una clase determinada por sus excesos y abusos. Con todo, como Molière, Veber no ataca directamente, sino a través del humor, como acabamos de ver. Los mecanismos de la comedia de costumbres consisten en dejar constancia de los defectos de la sociedad sin necesidad de querer cambiarlos; les corresponde a los espectadores sacar sus propias conclusiones. Los personajes de *La cena de los idiotas* son símbolos de la realidad que los rodea, pero, como sucede en la obra, ni los idiotas son tan idiotas ni los malvados son tan crueles, y precisamente eso permite la connivencia del espectador. La parodia, como espejo que refleja los comportamientos sociales, permite, en primer lugar, denunciar la impostura de la falsa aureola del *charme* de los burgueses; en segundo lugar, ayuda a descubrir la sensibilidad del idiota, marginado desde el principio por la sociedad, y, por último, hace posible que tenga lugar la catarsis teatral en el ámbito de los espectadores.

En suma, el gran hallazgo del autor es el de aplicar una perspectiva escénica hiperbólica y llevarla hasta sus últimas consecuencias. Si entendemos por *perspectiva escénica* la manera singular y personal que tiene cada personaje de mirar el mundo, descubriremos que Hueso no se considera en absoluto un desgraciado; él solo es un entusiasta que quiere hacer las cosas bien y se dedica a ello con todas sus fuerzas. Somos los espectadores los que descubrimos el patetismo de su conflicto interno, al ver frustrados sus deseos de cambio, porque sabemos que es imposible y que la ley de Murphy se acabará aplicando de manera inexorable: «Si las cosas pueden ir mal, irán peor».

Alonso de Santos basa la estructura de la comedia en el conflicto que se genera tras el encuentro de dos personajes o dos fuerzas antagónicas, y analiza cómo se nos muestran a los espectadores las posibles soluciones que van encontrando. De hecho, para que la comedia funcione, el incidente debe ser lo bastante importante como para que nos interese y, por otra parte, la correlación de fuerzas debe desarrollarse de manera equilibrada entre los dos elementos emocionales en pugna. El éxito de la tragicomedia radica en el entusiasmo que muestran los personajes por tratar de solucionar los conflictos. Así, el falso paralelismo entre los conflictos personales de los dos personajes (abandono por parte de la mujer, lumbago, etc.) y la estructura en espejo de las dos biografías agudizarán la comicidad de la obra, porque el *emmerdeur*, en su delirio de querer ser útil, se cree capacitado para ayudar al burgués ante las dificultades que considera idénticas a las que ha vivido él. Alonso de Santos explica este mecanismo de la comedia así:

La esencia del humor de la comedia, pues, radica en exponer los desajustes entre los seres humanos y su medio: cuando los hombres se vuelven desproporcionados, excesivos, afectados, pretenciosos o hipócritas, se engañan a sí mismos, planean su futuro con poca lógica o violan las leyes no escritas (pero conocidas por todos) que los unen y los relacionan de manera sensata. Reírse juntos en esa defensa del sentimiento general (frente a mentiras, falsedades y miserias propias y ajenas) despierta en nuestro interior, como público, un lazo de afecto y comunión. Nos redime de una de las enfermedades más peligrosas como seres humanos: la soledad y la incomunicación.[16]

4. SOBRE ESTA TRADUCCIÓN

Si la dramaturgia de una cultura se enriquece con la diversidad de las obras teatrales que produce, creemos que también se nutre de las obras traducidas a la lengua que la vehicula. De ahí que disponer de una versión de una comedia de la magnitud de *La cena de los idiotas* pueda contribuir a ampliar el registro dramático, especialmente tratándose de una obra cómica como esta, basada en juegos teatrales sorprendentes e innovadores: equívocos, personajes convertidos en clásicos, gags populares y escenas cómicas fácilmente reproducibles. Toda una lección de teatro.

Además, albergamos la esperanza de que esta traducción sirva de referencia para el profesorado de literatura, con el fin de que en los talleres de escritura creativa pongan en práctica algunos mecanismos de construcción de personajes cómicos como la perspectiva cómica, la exageración, los defectos y la humanidad. Por otra parte, John Vorhaus (2005),[17] guionista y profesor de perfeccionamiento en la redacción de guiones, desvela algunos de los secretos que convierten a personajes como el aguafiestas Francisco Hueso no en un simple idiota sin perspectiva cómica, sino en un

---

16. José Luis Alonso de Santos, *La escritura dramática*, editorial Castalia.

17. John Vorhaus, *Cómo orquestar una comedia. Los recursos más serios para crear los gags, monólogos y narraciones cómicas más desternillantes*, Alba Editorial, 2005.

payaso gracioso con quien el espectador puede identificarse sin complejos, pese a sus defectos incorregibles, porque, a la hora de la verdad, está a la altura de las circunstancias y revela su parte humana.

A raíz del éxito de la película, la obra de teatro es conocida en todo el mundo y, de hecho, existen adaptaciones a múltiples lenguas y contextos socioculturales. En catalán, la adaptó y dirigió en 1998 Paco Mir, el conocido actor del trío humorístico Tricicle, que consiguió que estuviera en cartel en Barcelona durante dos años. En castellano, una de las versiones más conocidas, también adaptada y dirigida por Paco Mir (2000), tenía como idiota al popular actor Pepón Nieto. En el País Valenciano se estrenó una versión (2001) en el TAMA de Aldaia dirigida de nuevo por Paco Mir y protagonizada por Jorge Calvo, que mostraba los rasgos que definen la idiosincrasia española, recreando un acento castizo, y con una escenografía de Joan Jorba que incluía cuadros de Miró, el Equipo Crónica y Mariscal, que conformaban el universo del editor burgués.

Precisamente para mantener la proximidad y la complicidad con el lector hispanohablante, la traducción se ha apropiado de muchos de los juegos de palabras del original francés, pero adaptados. Así, encontramos juegos lingüísticos basados en matices dialectales (el acento belga ha sido sustituido por el venezolano) o en variaciones del registro lingüístico (cuando Hueso finge que es el doctor Ramos) o de doble sentido (el idiota se refiere a Jacobo Agudo como el señor Cornudo). Además, hay otras referencias culturales, como el vino de lujo que ofrecen al inspector (una botella de Vega Sicilia en lugar de Lafite Rothschild) o los motivos que elige el idiota para construir sus maquetas de cerillas (el

Puente del Rey, el Puente de Segovia o la Puerta de Alcalá), que permiten que el espectador se sienta más aludido y que funcionen los mecanismos de la comicidad.

5. EL CINE COMO ENTRADA AL TEATRO

La cena de los idiotas es una de esas obras de teatro, como por ejemplo *Full Monty* (en un sentido inverso), que, al ser divulgada por el cine, provocó que en todo el mundo surgiera el interés por la versión teatral originaria o por llevarla al teatro, recordando el placer que brinda la película. La versión cinematográfica de *La cena de los idiotas* (1998) no solo igualó y superó el éxito teatral, sino que, posteriormente, se hizo otra versión estadounidense dirigida por el propio Francis Veber, como ya había hecho con otras dos de sus obras. De todas formas, aunque no sea negativo aprovechar el éxito de la obra en los escenarios, conseguido también gracias a la versión cinematográfica, lo que aquí nos interesa es el texto teatral. Y, pese a que los espectadores de cine y de teatro compartan la condición de *voyeurs*, conviene admitir que las dimensiones son diferentes, es decir, mientras que el cine es principalmente relato, como la novela, y requiere un auditorio individualizado, el teatro es diálogo y busca un público colectivo. Por otra parte, en el caso del teatro, la comunicación con el público se ejerce de manera más estrecha entre actores y auditorio, dado que se establece una especie de connivencia gracias a la cual esos momentos de *convivio* se vuelven únicos e irrepetibles.

En Francia, son muy habituales las adaptaciones cinematográficas de obras de teatro de éxito, desde clásicos como *Cyrano de Bergerac* (con Gérard Depardieu y recreaciones de Jean-Claude Carrière), hasta otras más actuales, como *Un grand cri d'amour* (Josiane Balasko). Desde luego, esta tendencia, que en España propugnó Pilar Miró (*El perro del hortelano*) y continuó Ventura Pons (con *Actrices*), sirve para dar a conocer al gran público la literatura teatral. Crear nuevos espectadores de teatro requiere a personas iniciadas, con conocimientos culturales, especialmente en el caso de las comedias basadas en la recreación de referencias socioculturales de toda clase.

Sin embargo, el cine es el gran devorador de cualquier tipo de argumento de la literatura universal, tanto si este procede de la narrativa como de un texto teatral. Partiendo de la premisa de que todos los argumentos y los arquetipos ya han sido inventados, la particularidad del cine es que introduce variaciones o matices en los argumentos originales. En el libro *La semilla inmortal*,[18] los autores muestran que los grandes temas vuelven a repetirse una y otra vez, aunque solo *renacen* de verdad cuando un director sabe dar un enfoque nuevo a esos temas eternos. Pensemos, por ejemplo, en *Matrix* como recreación de temas de *Edipo rey*, del *Nuevo Testamento* o de *La vida es sueño* de Calderón de la Barca. En el film, aparecen todos esos temas, aunque fragmentados y elaborados de nuevo, además de renacidos, a juzgar por el éxito de la película.

Por nuestra parte, consideramos que esas versiones cinematográficas no traicionan las obras de teatro originales, sino que permiten verlas en imágenes y con un nuevo enfoque. Sin olvidar, por supuesto, que el cine es una vía de expresión

---

18. Jordi Balló y Xavier Pérez, *La semilla inmortal*, Anagrama.

que permite que el arte y la literatura lleguen a muchísima más gente.[19] Así, pues, no se debe desdeñar la posibilidad de llevar a cabo un estudio comparativo entre el texto teatral y la película en el ámbito didáctico. En este sentido, las imágenes cinematográficas están más al alcance que la representación, por lo que resultan de gran utilidad para analizar los posibles cambios del punto de vista en las dos creaciones, del mismo modo que entre diferentes espectadores este también cambia.

Por último, cabe añadir que el cine ha dado mucha difusión a esta obra de teatro, pero recordemos que, si la comedia ha tenido tanto éxito, es por sus elementos teatrales: los diálogos ágiles y divertidos, los conflictos y las situaciones dramáticas originales y el paralelismo entre los personajes principales, tan antagónicos. Efectivamente, conocemos puestas en escena por parte de toda clase de grupos, desde los más comerciales, atraídos por sus componentes humorísticos, pasando por los más comprometidos, que buscan obras con crítica social, hasta grupos de teatro aficionados, que la consideran un montaje ideal para iniciarse en el teatro. Esperemos que la divulgación de *La cena de los idiotas*, por medio de esta edición, contribuya al aumento de la escritura teatral en nuestra lengua y a que cada vez haya más grupos y directores que se aventuren en el difícil arte de la adaptación y la puesta en escena.

¡Arriba el telón! A los actores y a las actrices, ¡mucha mierda!

ANTONI NAVARRO Y JORGE PICÓ

---

19. Otra cuestión digna de ser analizada es la necesidad del cine estadounidense de fagocitar las versiones de éxito europeas con adaptaciones y actores del *star system* norteamericano.

LA CENA DE LOS IDIOTAS

DECORADO

El salón de un piso lujoso.

Una estancia muy bella decorada con gusto, muebles antiguos, cuadros caros, adornos valiosos.

El salón se abre a una entrada, que se ve al fondo. En el decorado hay otras tres puertas, que llevan respectivamente a la cocina, al dormitorio principal y a un cuarto de baño.

En un rincón de la estancia hay un pequeño mueble bar.

PERSONAJES

(Por orden de entrada en escena).

JACOBO
CRISTINA
RAMOS
HUESO
BLANCO
MALENA
CABALLO

PRIMER ACTO

(JACOBO sale de la cocina, clavado de la espalda, con una bolsa de plástico llena de hielo en la mano. Lleva ropa de golf. Es un hombre de unos cuarenta años, atractivo en condiciones normales, pero muy desvalido esta noche. Se dirige hacia el sofá, caminando a duras penas, haciendo muecas de dolor. Se abre la puerta de entrada y aparece CRISTINA, una mujer hermosa de treinta años. Se queda inmóvil al ver a JACOBO).

CRISTINA. Pero ¿qué te pasa?

JACOBO. Un tirón en la espalda.

CRISTINA. ¡No me digas!

JACOBO. Te aseguro que no camino así para hacerte reír.

CRISTINA. *(Se acerca a él).* Pero ¿cómo te lo has hecho, querido?

JACOBO. *(Se sienta en el sofá con dificultad).* Jugando al golf, he hecho un *drive* increíble y...

CRISTINA. ¡Vaya! ¿No tendrás una contractura? ¿Has llamado al médico?

JACOBO. Sí, a Ramos, que es un especialista. Ya me atendió hace tiempo y es el mejor. *(Se aplica la bolsa de hielo en los riñones).* ¡Ay, qué frío! ¡Madre mía, qué frío!...

CRISTINA. Creía que para un tirón iba bien el calor.

JACOBO. Yo también, pero Ramos me ha dicho que hielo...

CRISTINA. ¿Quieres tomar algo?

JACOBO. Un culín de *whisky*, por favor.

CRISTINA. *(Va hacia el mueble bar).* ¿Con hielo?

JACOBO. Sí... Si no queda, cógeme dos de la espalda.

CRISTINA. *(Sirviendo el* whisky*).* ¿Has cancelado la cena?

JACOBO. *(Fingiendo interés).* ¿Qué tal tu día?

CRISTINA. Bastante bien. ¿Has cancelado la cena?

JACOBO. No, ¿por qué?

CRISTINA. ¿Cómo que por qué? ¡Mírate!

JACOBO. Ramos me va a curar, no te preocupes. *(Mira el reloj).* Por cierto, ¿qué carajo hace? ¡Tenía que llegar a las siete y media!

CRISTINA. *(Le lleva el* whisky*).* No me lo puedo creer, Jacobo. ¿Piensas ir así a esa cena siniestra?

JACOBO. ¡No empecemos! Es una cena que me divierte; si te parece siniestra, ¡pues peor para ti! *(Ella le clava la mirada un instante y luego se aleja hacia el dormitorio).* ¡No vas a estar de morros porque me apetezca divertirme un poco! *(Bebe).*

CRISTINA. *(Se detiene).* Es algo más grave, Jacobo. Esa cena representa todo lo que no me gusta de ti.

JACOBO. ¡Ya está! ¡Otra vez se pone intensa! ¿Se puede saber qué he hecho yo para tener al mismo tiempo un tirón y una mujer intensa?

CRISTINA. *(Vuelve hacia él).* Cancélala y quédate conmigo esta noche, lo necesito... Ya sabes que no estoy muy fina últimamente.

JACOBO. ¡Precisamente por eso! ¡Cambia de opinión y ven conmigo, ya verás qué irresistible es esa cena!

CRISTINA. ¿Es irresistible invitar a un desgraciado para burlarse de él durante toda la noche?

JACOBO. ¡No es un desgraciado, es un estúpido! No hay nada malo en burlarse de los estúpidos; para eso están, ¿no?

CRISTINA. *(Con una expresión seria, al cabo de unos instantes).* Para mí es muy importante que pasemos la noche juntos, querido. Cancélala.

JACOBO. No puedo, ese tipo vendrá a recogerme a las ocho.

CRISTINA. *(Helada).* ¿Qué tipo?

JACOBO. Mi invitado.

CRISTINA. *(Incrédula).* ¿Vendrá aquí?

JACOBO. Le he dicho que venga a tomar una copa, sí.

CRISTINA. ¡No me digas! ¿Has invitado a ese tipo aquí?

JACOBO. Quería estudiarlo un poco antes de llevarlo a la cena. Ya lo verás, parece que es fabuloso.

(Suena el interfono).

CRISTINA. ¡Ni hablar, no veré nada de nada! Os dejo. ¡Buenas noches! *(Va a por su bolso, pero JACOBO la detiene).*

JACOBO. Pero si es Ramos.

(CRISTINA se dirige a la puerta de entrada).

CRISTINA. *(Por el interfono).* ¿Sí?

RAMOS. *(En off).* Soy Ramos.

CRISTINA. Quinto izquierda. *(CRISTINA pulsa el botón del interfono y vuelve a buscar su bolso).* ¡Diviértete!

JACOBO. ¿A dónde vas?

CRISTINA. Yo también tengo una cena. No me apetece mucho, pero da igual.

JACOBO. ¿Una cena con quién?

CRISTINA. No lo conoces.

JACOBO. No seas así, Cristina, solo te he preguntado con quién vas a cenar. Contéstame.

(Llaman a la puerta).

CRISTINA. No te interesaría... No es un estúpido. *(Va a abrir a RAMOS).* Adelante, doctor.

(RAMOS entra. Ronda los cincuenta años, aspecto de vivales).

RAMOS. Buenas noches, señora.

CRISTINA. Buenas noches, doctor.

JACOBO. *(Al querer volverse hacia RAMOS, se le despierta el dolor y profiere un quejido).* Buenas noches...

RAMOS. *(Acercándose a él).* Pues tiene usted buen aspecto. Dígame...

CRISTINA. *(A RAMOS).* Lo dejo en sus manos, doctor. Cúrelo pronto, porque esta noche tiene una cena importante.

JACOBO. *(Sintiendo que ella está a punto de estallar).* Cristina...

CRISTINA. Una cena de idiotas. Quizá no sepa cómo funciona: cada invitado lleva un idiota...

JACOBO. Cristina, te lo ruego...

CRISTINA. Los idiotas no saben por qué los han elegido, por supuesto, y el juego consiste en hacerlos hablar. Parece que es irresistible, pero a mí no me hace ni pizca de gracia, así que me marcho. Buenas noches, doctor.

(Sale de la escena. Breve silencio incómodo).

JACOBO. Lo siento, doctor, le había llamado por un tirón lumbar, no por una escena conyugal.

RAMOS. Cuando estudiaba, hacíamos cenas de feas. Había que invitar a la chica más fea y, al final de la cena, dábamos un premio.

JACOBO. *(Se relaja).* Ah, sí, yo también lo he hecho. Pero es más divertido con idiotas.

RAMOS. Aunque no me parece tan objetivo.

JACOBO. Al contrario, doctor, créame, hay idiotas completamente objetivos. *(RAMOS se echa a reír. JACOBO prosigue).* Estoy esperando a uno que está al caer; ya lo verá, es inconfundible.

RAMOS. *(Divertido).* ¿Es un amigo suyo?

JACOBO. No, tengo amigos muy idiotas, pero no hasta ese punto.

RAMOS. Túmbese...

JACOBO. Los que elegimos son campeones, es alta competición.

(RAMOS ayuda a JACOBO a tumbarse en el sofá).

RAMOS. Relájese... ¿Y dónde encuentran a esos campeones?

JACOBO. *(Mientras RAMOS le ausculta la columna vertebral).* Pues no es nada sencillo, nos damos un buen tute. Es una auténtica cacería humana.

RAMOS. ¿De verdad?

JACOBO. ¡Sí, sí! Tenemos rastreadores que nos señalan un idiota que merece la pena, examinamos el caso y, si es excepcional, lo invitamos. *(Da un respingo).* ¡Ay!

RAMOS. Es la segunda lumbar.

JACOBO. ¿Y es grave?

RAMOS. No, pero me temo que tendrá que anular la cena.

Jacobo. ¡De eso ni hablar!

Ramos. *(Ayuda a Jacobo a sentarse).* No me gusta manipular en caliente, y menos tal y como está usted. Descanse bien esta noche y mañana por la mañana llame a mi consulta para concertar una cita.

Jacobo. Doctor, esta noche tengo un idiota de categoría mundial. Se lo suplico, haga algo, un calmante, una infiltración, me da igual, ¡pero haga algo!

Ramos. *(Niega con la cabeza).* La bolsa de hielo y reposo. Créame, más vale ser prudente; si no, la cosa se puede alargar tres semanas.

Jacobo. ¡Qué mala suerte! *(Se da la vuelta para atender el teléfono y se queda clavado, haciendo muecas de dolor. Ramos le alarga el aparato).* Gracias. *(Hojea la agenda colocada en la mesilla baja).* Debo cancelarlo. ¿Cómo se llamaba? Ah, sí, Hueso, Francisco Hueso.

Ramos. ¿A qué se dedica?

Jacobo. Trabaja en Hacienda.

Ramos. Caramba, pues eso es peligroso; imagínese que se enterase de por qué lo ha invitado.

Jacobo. *(Marca un número).* No hay ningún riesgo, somos muy precavidos. Ningún idiota ha sabido jamás por qué lo habíamos invitado. *(Calla para escuchar el mensaje).* Lo que me temía, ya ha salido... ¡Joder!

Ramos. ¿Qué?

Jacobo. El mensaje de su contestador es muy idiota.

Ramos. ¿De verdad?

JACOBO. ¡Es increíble! *(Vuelve a marcar el número de HUESO).* Ya lo verá: intenta ser gracioso, pero es patético.

(JACOBO conecta el altavoz. El pitido amplificado resuena en el salón y luego se oye la voz de FRANCISCO HUESO).

HUESO. *(En* off, *cantando a ritmo de pasodoble).*
Ha llamado a casa de Francisco Hueso,
pero ahora mismo no está.
Deje un mensaje al oír la señal
y él le llamará ¡y tal!
(Risas y, después, con una voz normal).
Ahora le toca hablar a usted.

(El pitido resuena. JACOBO cuelga el teléfono. A RAMOS se le escapa la risa y parece impresionado).

RAMOS. ¡Vaya!
JACOBO. Impresionante, ¿verdad?
RAMOS. Parece bastante excepcional, sí.
JACOBO. ¿Comprende ahora que esté abatido?
RAMOS. ¿Cómo lo conoció?
JACOBO. No lo conozco. Esta noche lo veré por primera vez. Me lo recomendó un compañero. Bueno, ¡un auténtico cazador de idiotas! Se fijó en Hueso en el Alvia entre Vitoria y Madrid y me llamó nada

más bajar del tren, deslumbrado. Durante todo el viaje, que dura casi cuatro horas, Hueso le habló de sus maquetas. Parece que no calló ni un segundo, fue una pesadilla.

RAMOS. Ah, ¿sí? ¿Hace maquetas?

JACOBO. Sí, modelos a esa escala reducida con cerillas. El Puente de Segovia, la Puerta de Alcalá. Se pasa días haciéndolos y, sobre todo, puede hablar de ello durante horas, y eso para la cena ¡es fantástico! Cuanto más apasionado sea el idiota, más probabilidades tiene de llevarse la palma, y esta noche, doctor, con Hueso y sus maquetas, no creo adelantarme demasiado si le digo que lo tengo en el bolsillo. *(Lo interrumpe el sonido del interfono).* Aquí está.

(Intenta levantarse para ir a abrir, pero hace muecas de dolor. RAMOS lo detiene con un gesto).

RAMOS. Ya voy. *(Descuelga el teléfono del interfono).* ¿Sí?

HUESO. *(En* off*).* Soy Francisco Hueso.

RAMOS. Quinto izquierda. *(Pulsa el botón para abrir, cuelga el teléfono y regresa con JACOBO).* Ya ha llegado. Los dejo.

JACOBO. ¿No quiere esperarlo? Así nos reímos un poco.

RAMOS. No, no, tengo que salir pitando, llego tardísimo. ¡Hasta mañana! *(Abre el maletín y saca un tubo de pastillas).* Puede tomarse dos comprimidos esta noche si le duele mucho, pero vaya con cuidado, que es muy fuerte. Y no dude en llamarme a mi casa si el dolor es excesivo.

JACOBO. Gracias, doctor.

(RAMOS se dirige hacia la puerta).

JACOBO. Deje la puerta abierta, por favor.

(RAMOS se vuelve hacia él).

RAMOS. ¿Puedo pedirle un favor yo también?

JACOBO. ¡Por supuesto!

RAMOS. Jamás me invite a cenar. Me quedaría siempre con la duda.

(JACOBO se echa a reír. RAMOS sale. Suena el teléfono, que habían dejado en la mesilla baja, y JACOBO contesta).

JACOBO. *(Al teléfono).* ¿Diga?... No, no estoy mejor, estoy hecho polvo... Calla, que estoy hundido, tenía al vencedor esta noche... ¿Por qué te lo digo? Pues sí, qué rabia, pero, bueno, lo llevaré la semana próxima... Bueno, te dejo, que está a punto de llegar. ¡Anda, divertíos, pandilla de chacales! *(Llaman a la puerta. JACOBO deja el teléfono encima del sofá).* Adelante, está abierto. *(Entra FRANCISCO HUESO, con un ademán intimidado y una cartera de mano*

debajo del brazo. JACOBO *lo recibe calurosamente).*
Buenas noches, señor Hueso. Disculpe que no me
levante, pero es que estoy completamente clavado,
tengo un tirón lumbar.

HUESO. ¡No!

JACOBO. Sí, a duras penas puedo moverme. He intentado avisarlo, pero usted ya había salido de casa. Lo
lamento, pero habrá que postergar la cena.

HUESO. Soy yo quien lo lamenta por usted; un tirón
no tiene ni pizca de gracia.

JACOBO. Digamos que es molesto, pero no dramático.
¿Está usted libre el próximo martes?

HUESO. ¿El próximo martes? ¿Es el 24? Sí, estoy libre.

JACOBO. No, es el 23, creo.

HUESO. ¿El 23? De acuerdo, también estoy libre.

JACOBO. Espere, hoy es 18, así que es el 25.

HUESO. Ah, el 25... Vale, ningún problema.

JACOBO. Perfecto, iremos a casa del amigo que nos
había invitado esta noche. Vuelve a hacer una cena
y usted está invitado, por supuesto.

HUESO. Muy amable, la verdad.

JACOBO. No, le hemos fallado hoy y no vamos a fallarle
la semana que viene. ¿Quiere tomar algo, señor
Hueso?

HUESO. Mmm... Nada, se lo agradezco. Si no se encuentra bien, lo dejo...

JACOBO. No, no se preocupe. Cuando no me muevo,
es soportable... Siéntese un momento y así char-

lamos un poco. *(HUESO se sienta frente a JACOBO, con la cartera encima de las rodillas. JACOBO lo mira como un gato a un ratoncito).* Acabo de escuchar su contestador automático, es muy divertido.

HUESO. *(Sonríe, halagado).* Ah, sí... Intenté hacer un mensaje un poco original...

JACOBO. Muy, muy conseguido. Todavía me da la risa.

HUESO. Todo el mundo me habla de él. Incluso tengo amigos que me han pedido que les haga su mensaje.

JACOBO. No me extraña nada.

(JACOBO y HUESO cantan en coro el mensaje de HUESO).

HUESO. *(Riéndose).* ¡Y tal! Si tiene contestador, puedo...

JACOBO. *(Rápidamente).* No, no, no hace falta.

HUESO. Porque lo haría en un minuto, ¿eh?

JACOBO. No, así está bien... Quizás un poco clásico para usted, pero... *(Cambiando de tema).* Estoy realmente encantado de conocerlo, señor Hueso.

HUESO. Yo también, señor Agudo... No me lo puedo creer... Cuando el señor al que conocí en el tren me dijo que un gran editor como usted podía estar interesado en mis pequeños trabajos...

JACOBO. Vamos, no sea modesto, señor Hueso. Según mi amigo, usted es alguien realmente excepcional en su género.

HUESO. La verdad es que ese hombre es muy simpático.

JACOBO. Tiene mucho talento, sí.

HUESO. Y le apasionan las maquetas, ¿eh? Cuesta encontrar a alguien tan apasionado, hablamos de maquetas durante todo el trayecto.

JACOBO. Lo sé, me dijo que se acordaría toda la vida de ese viaje.

HUESO. ¡Sí, pasamos un buen rato! Y, al llegar a Madrid, me dijo: «Es imprescindible que conozca a Jacobo Agudo». Y, al día siguiente, ¿quién me llama al trabajo?

JACOBO. *(Sonriendo).* Espero no haberlo molestado.

HUESO. ¡No, en absoluto, no! Al principio pensé que era una broma. Debí de parecerle estúpido por teléfono.

JACOBO. *(Mecánicamente y luego corrigiéndose).* Sí... ¡Bueno, no! Estuvo perfecto.

HUESO. Estaba tan emocionado... Usted me llamó al trabajo y me invitó a cenar, y aquí estoy esta noche... Como le decía, no me lo puedo creer... ¡Es usted una persona increíble, señor Agudo!

JACOBO. Claro que no.

HUESO. Sí, sí, increíble. Cuando me dijo por teléfono que pensaba publicar un libro sobre mis maquetas, me... No sé cómo decirlo... Usted cambió mi vida, señor Agudo.

JACOBO. Sí, bueno, en lo que respecta a la obra, todavía es un proyecto muy vago, ¿eh? No nos embalemos, señor Hueso.

Hueso. No, no me embalo, pero me parece una gran idea, ¡creo realmente que puede ser un *best seller*! *(Abre la cartera de mano)*. Le he traído fotos de las mejores piezas... *(Se sienta en el sofá y le enseña una foto a Jacobo)*. El Golden Gate de San Francisco.

Jacobo. Magnífico.

Hueso. Ocho meses de esfuerzo.

Jacobo. Se nota... Y se dedica a esto… por la noche, después del trabajo.

Hueso. Por la noche y los fines de semana, en cuanto tengo un rato libre, vamos.

Jacobo. ¿Y está casado?

Hueso. Sí... bueno, no... *(Saca otra foto)*. El puente de Portugalete.

Jacobo. ¡Excelente! Pero ¿está casado o no?

Hueso. Es decir, mi mujer se marchó.

Jacobo. Ah, ¿sí?

Hueso. Con un amigo mío.

Jacobo. Esas cosas suceden.

Hueso. Sí, un tipo que conocí en el trabajo, un buen chaval. Una noche, lo llevé a casa y le gustó. De hecho, no entiendo muy bien por qué, porque, entre nosotros, no es una lumbrera. *(La mirada de Jacobo se vuelve más intensa. Hueso no se da cuenta y vuelve a ponerle la foto del puente de Portugalete delante de las narices)*. ¿Cuántas cerillas cree que hacen falta para una obra así?

Jacobo. ¿Cómo que no es una lumbrera?

HUESO. El tipo con el que se marchó, ¡es estúpido!, la verdad sea dicha. *(Volviendo a la foto)*. Vamos, diga una cifra.

JACOBO. Pero ¿realmente estúpido?

HUESO. Increíblemente estúpido.

JACOBO. Pero ¿más estúpido...? *(Rectifica)*. Bueno, quiero decir, usted es inteligente... ¿Y comparado con usted?

HUESO. No me gusta ser grosero, pero hay que llamar a las cosas por su nombre: es un idiota.

JACOBO. *(Extasiado)*. ¡Vaya!

HUESO. *(Volviendo a la foto)*. Bueno, ¿qué me dice?

JACOBO. Disculpe, pero ¿dónde podría localizar a ese chico?

HUESO. ¿Localizarlo? Pero si usted se moriría de aburrimiento con él. ¡Solo habla de surf!

JACOBO. Pero ¡eso es estupendo, estupendo! ¿Tiene usted su número?

HUESO. ¿Le gusta el surf?

JACOBO. Para nada, no... Bueno, sí, mucho, sí. *(Prepara un bloc y un lápiz)*. ¿Cómo se llama?

HUESO. Rafa Coronado... Hasta el nombre es tonto.

JACOBO. ¿Y dónde vive?

HUESO. En Gran Canaria. Consiguió un traslado a Gran Canaria.

JACOBO. *(Deja el bloc, decepcionado)*. Sí, quizás está un poco lejos.

HUESO. ¿Usted hace mucho?

Jacobo. ¿Mucho qué?

Hueso. Surf.

Jacobo. De manera moderada.

Hueso. Sí. No hay que abusar, es malo para la espalda. ¿Y usted está casado, señor Agudo?

Jacobo. Sí, desde hace dos años.

Hueso. Y supongo que le va bien...

Jacobo. Sí, muy bien...

Hueso. Yo estuve casado durante siete años... Siete años de felicidad sin una sola nube, hasta que un día... Pero ¿cómo pudo marcharse con aquel tipo? No lo entiendo.

Jacobo. *(Hipócritamente)*. ¿Y hablaba de las maquetas con ella?

Hueso. ¡Claro, a todas horas, no parábamos! Recuerdo que, cuando hice el puente de Portugalete, le expliqué durante horas todos los detalles de la construcción, no exagero si le digo que ella siguió el proyecto cerilla a cerilla. ¡Era apasionante, sobre todo los problemas de capacidad portante! Sin duda, debe usted de conocer los sutiles problemas de capacidad portante de los puentes colgantes.

Jacobo. No, pero esa es una de las cosas de las que podemos hablar el próximo martes.

Hueso. Es fascinante, ya lo verá. El puente de Portugalete me llevó dos años, dos años de exaltación en que lo compartí todo con ella, mis dudas y mis esperanzas, hasta que, un buen día, ¿sabe de qué me enteré? ¡Pues de que se había marchado con aquel zoquete! Es muy fuerte, ¿no?

JACOBO. *(Admirado)*. Es muy fuerte, sí.

HUESO. En fin, lo pasado, pasado está. Ya lo he aburrido demasiado con mis historias. *(Vuelve a ponerle la foto del puente de Portugalete delante de las narices a JACOBO)*. Portugalete, ¿cuántas cerillas cree que tiene?

JACOBO. Dos mil.

HUESO. *(Pletórico)*. ¡Trescientas cuarenta y seis mil cuatrocientas veintidós!

JACOBO. *(Fingiendo admiración)*. ¡Oooh!

HUESO. ¡Espere, que no he terminado! ¿Y cuántos tubos de pegamento?

JACOBO. Señor Hueso.

HUESO. ¿Sí?

JACOBO. Vamos a ir a la cena de todas formas.

HUESO. *(Sorprendido)*. Pero ¿podrá?

JACOBO. Lo voy a intentar. ¿Tiene coche?

HUESO. Sí.

JACOBO. Si usted conduce, deberíamos llegar. Solo necesito que me ayude a levantarme.

(HUESO guarda a toda prisa su carpeta de fotos en la cartera y ayuda a JACOBO a levantarse del sofá).

HUESO. ¿Está bien?

JACOBO. ¡Ay!...

HUESO. Poco a poco... Ya se le pasará...

(JACOBO se dirige hacia la puerta de entrada muy despacio, apoyándose en HUESO, que camina de espaldas).

HUESO. ¡Mi cartera! *(HUESO da media vuelta, arrastrando a JACOBO consigo).* Treinta y siete.
JACOBO. ¿Cómo?
HUESO. Los tubos de pegamento... ¡Treinta y siete!

(JACOBO se detiene para descansar y mira a HUESO con una expresión divertida).

JACOBO. Será una gran velada, señor Hueso, una grandísima velada.

(Siguen avanzando. De repente, HUESO se tropieza y se cae. Arrastra consigo a JACOBO, que se desploma con un alarido de dolor. HUESO, angustiado, se pone en pie y se inclina hacia JACOBO, que está tumbado en el suelo).

HUESO. Ay, perdón, lo siento, ¿se ha hecho daño?

(JACOBO no contesta. HUESO pasa por encima de él y le da un empujón sin querer. JACOBO vuelve a pegar un grito).

HUESO. ¡No se mueva! Quizá se haya roto algo.

(Se precipita en busca del teléfono, que no encuentra. JACOBO consigue apoyarse en un codo).

JACOBO. ¿Qué hace?

HUESO. Voy a llamar a un fisioterapeuta.

JACOBO. No hace falta.

HUESO. Es un amigo mío, es estupendo.

JACOBO. Le digo que no hace falta.

HUESO. Es el mejor fisioterapeuta de Carabanchel.

JACOBO. *(Gritando).* ¡No quiero el mejor fisioterapeuta de Carabanchel! *(HUESO se sobresalta. JACOBO rectifica, en un tono más bajo).* Vuelva a su casa, ya me las arreglaré.

HUESO. ¡Vaya! Entonces ¿no vamos a cenar?

JACOBO. Pues no, no vamos a cenar. Ya no me encuentro bien, ¿sabe?

(Suena el teléfono. HUESO busca con la mirada el auricular, que se ha deslizado detrás de un cojín del sofá. JACOBO lo detiene).

JACOBO. *(En* off*).* «Ahora mismo no estamos en casa; puede dejar un mensaje después de la señal».

HUESO. La verdad es que su mensaje podría ser más gracioso.

(Entonces resuena la voz de Cristina *en el contestador).*

Cristina. *(En* off*).* Soy yo. Te llamo para decirte que no volveré a casa esta noche... Y creo que ya no volveré jamás. Siento tener que decírtelo por el contestador automático, pero quizá sea mejor así. Adiós, Jacobo.

(La comunicación se interrumpe. Hueso *y* Jacobo *se quedan petrificados un instante.* Hueso *es el primero en reaccionar).*

Hueso. *(Con una voz neutra).* Bueno, pues lo dejo. *(*Jacobo *sigue sin reaccionar.* Hueso *anda pisando huevos en dirección a la entrada. Al llegar al umbral de la puerta, se detiene y se vuelve hacia* Jacobo*).* ¿Está seguro de que no necesita nada?

Jacobo. *(Parece despertarse).* No, no, ningún problema. Buenas noches.

Hueso. Buenas noches. *(*Hueso *lo mira con preocupación y sale.* Jacobo *intenta levantarse, pero está completamente clavado.* Hueso *vuelve a aparecer en el umbral de la puerta del salón y se dirige de puntillas hacia su cartera de mano. Se vuelve hacia* Jacobo*, que no ha visto que regresaba).* Disculpe, me había olvidado la cartera. *(*Jacobo *se sobresalta.* Hueso *guarda la cartera y añade con sinceridad).* Estoy con usted, señor Agudo, de verdad que estoy con usted de todo corazón.

JACOBO. *(Seco)*. Muchas gracias. Adiós.

HUESO. Adiós. *(Se marcha hacia la entrada y vuelve a detenerse en el umbral de la puerta)*. ¿Puedo hacer algo por usted?

JACOBO. Nada de nada, ningún problema. Buenas noches.

HUESO. *(Solemne)*. Señor Agudo, si algún hombre puede comprender lo que le ha pasado, seguro que soy yo.

JACOBO. *(Cada vez más crispado)*. Señor Hueso, me gustaría que me dejara tranquilo.

HUESO. Eso mismo decía yo cuando ella me dejó, y estuve a punto de morir de soledad y de tristeza en el salón de mi casa. Y usted, además, tiene la espalda destrozada.

JACOBO. Nadie me ha dejado, es un mensaje incoherente en un momento de depresión. Regresará enseguida. Ya puede usted volver a casa. ¡Buenas noches!

HUESO. Regresará enseguida, eso es algo que yo también pensaba, ¡y ya hace dos años que espero que regrese enseguida!

(JACOBO, que ya no aguanta más, empieza a reptar hacia su dormitorio).

JACOBO. Me voy a tumbar. Apague la luz al salir. *(Profiere un grito de dolor y se ve obligado a detenerse).*

HUESO. ¿De verdad que no quiere que llame a Pepe? Es mi amigo fisioterapeuta...

JACOBO. *(Dirigiéndose a gatas hacia su dormitorio).* ¡No!

(HUESO se pone a gatas para hablar con él).

HUESO. Realmente Pepe es un hacha, y además no es caro. ¿Sabe cuánto cuesta a domicilio?

JACOBO. Estoy en manos del profesor Ramos, que dirige el servicio de reumatología de la Clínica Quirón. ¡No necesito a Pepe!

HUESO. Pues no sé cómo dirige él el servicio, pero ¡mire en qué estado se encuentra usted!

JACOBO. *(A punto de estallar).* ¡Estoy en semejante estado porque usted se me ha caído encima! *(Estalla).* ¡No sé por qué discuto, joder! *(Hace un falso movimiento).* ¡Ay! *(Se cae boca abajo).*

HUESO. *(Emocionado).* Da usted pena; parece un caballo que se ha tropezado con una barra. En un hipódromo, lo sacrificarían.

(JACOBO vuelve a ponerse a gatas).

JACOBO. *(Con una voz neutra).* Váyase, señor Hueso.

HUESO. Podría quedarse paralítico.

JACOBO. *(Crispado)*. Creo que ya nos habíamos despedido.

HUESO. No quiero angustiarlo, pero, si la médula espinal está afectada, puede quedarse paralítico. Y entonces, aparte de ir a Lourdes...

(JACOBO vacila un poco y claudica).

JACOBO. Llame a Ramos.

HUESO. Bueno, eso ya está mejor. *(Con una mano, se apoya en JACOBO para levantarse. JACOBO profiere un grito)*. ¡Ay, perdón! *(Levanta a JACOBO agarrándolo por la cintura y, con la mirada, busca el teléfono).*

JACOBO. Ahí... Debajo del cojín.

HUESO. *(Levantando el aparato)*. ¿Cuál es su número?

JACOBO. *(Señalando con un gesto la agenda, colocada encima de un mueble)*. En la agenda, allí. Ramos, con erre.

HUESO. *(Va a buscar la agenda)*. Sí, claro... Tampoco lo habría escrito con pe... *(Divertido)*. Pamos... ¡Pamos! *(Se pone a hojear la agenda)*. ¡Qué sorprendente es la vida! Si le contara que mi mujer, cuando se marchó, también me dejó un mensaje en el contestador...

JACOBO. No se sienta obligado a darme conversación, señor Hueso. Solo necesito un médico, nada más.

HUESO. No, no, lo decía porque es sorprendente... La mía, solo recibí la mitad del mensaje, debió de hablar antes de la señal o no sé qué, pero lo único que me llegó fue: «... Rafa, perdóname, adiós». Y yo me preguntaba: «Pero ¿por qué me llama Rafa?». De hecho, decía: «Me marcho con... la señal... Rafa, perdóname, adiós».

JACOBO. *(Otra vez a punto de estallar)*. ¡Deme la agenda!

HUESO. ¡No, no, ya está, ya lo tengo, Ramos! Pero hay un montón de números: hospital, clínica...

JACOBO. ¿No está el del domicilio?

HUESO. ¡Ah, sí, aquí está! Domicilio. *(Marca un número)*. Saldrá de esta, señor Agudo, no se preocupe, saldrá de esta. *(HUESO le da una palmada afectuosa en la espalda a JACOBO). (Por teléfono)*. ¿Oiga? Quisiera hablar con el doctor Ramos, llamo de parte del señor Jacobo Agudo... Ah, disculpe, me he equivocado de número, debo de haberme saltado una línea de la agenda. Es que la letra es tan pequeña...

JACOBO. Bueno, ya basta, cuelgue, qué más da.

HUESO. *(Por teléfono)*. Ah, no, no se encuentra nada bien, tiene un tirón lumbar... Sí, un fastidio, no puede ni moverse, está tirado en el suelo como un saco viejo, es patético.

JACOBO. Pero ¿con quién está hablando? ¿Con quién carajo está hablando?

HUESO. *(Por teléfono, con una suspicacia repentina)*. Disculpe, pero ¿con quién hablo?... Ah, bueno, pues entonces se lo puedo decir. Está fatal y, para colmo, su mujer lo ha dejado. Está destrozado, el corazón, el lumbago, todo...

JACOBO. *(Grita y golpea violentamente varias veces la mesilla).* ¡Ya basta!

HUESO. Tengo que dejarla, está a punto de perder los estribos... Pero se lo diré, por supuesto. Adiós. *(Cuelga el teléfono y se vuelve hacia JACOBO, sonriendo).* Era su hermana.

JACOBO. No tengo ninguna hermana.

HUESO. *(Sorprendido).* ¿No tiene ninguna hermana? *(Gesto hacia el teléfono).* Le he dicho: «¿Con quién hablo?» y me ha contestado: «Su hermana».

JACOBO. *(Agobiado).* ¡Ha llamado a Malena!

HUESO. ¿No era su hermana?

JACOBO. En absoluto, se ha confundido por el apellido: ¡Subirana, Malena Subirana! No *su hermana*: ¡Su-bi-ra-na!

HUESO. Yo no lo sabía, he entendido: «Soy Malena, su hermana». Reconozca que se presta a confusión...

JACOBO. ¡Deme el teléfono! ¡Deprisa, ahora que sabe que la plaza está libre, esa enferma se me va a echar encima! *(HUESO le da el teléfono a JACOBO y este marca el número).* ¡Solo me faltaba eso esta noche! ¡Una ninfómana!

HUESO. ¿Cómo? ¿Además es ninfómana? ¡Virgen santa!

JACOBO. Ya basta, ¿entendido? *(JACOBO, que ha terminado de marcar el número, cuelga el teléfono bruscamente).* Si la llamo yo, esa loca no me va a soltar, me puede tener dos horas al teléfono. *(Le tiende el aparato a HUESO).* ¡Dígale que mi mujer ha vuelto! *(HUESO parece un poco confuso. JACOBO se pone nervioso).* ¡Dese prisa, que vendrá! ¡91 374 98 95! *(HUESO marca el número febrilmente).* Mi mujer acaba de volver, todo bien.

HUESO. *(Sorprendido).* ¿De verdad?

JACOBO. ¡Claro que no, pero es lo que tiene que decirle!

HUESO. Ah, vale, perdón. *(Termina de marcar el número y reprime una risita).* Malena Subirana... *(Vuelve a reprimir una risita y continúa).* Vuelvo a ser yo, le llamo para decirle que la mujer del señor Agudo ha vuelto... Sí, sí, enseguida, ella está bien, el señor Agudo está bien, yo estoy bien, todo el mundo está bien, vamos... ¿Y usted, está bien? Sí, sí, todavía le duele el lumbago, pero ahora se lo toma con humor.

JACOBO. ¡Bueno, adiós!

(HUESO, con el teléfono en la mano, se arrellana en el sofá y se pone cómodo).

HUESO. *(Por teléfono).* No, no, la verdad es que no soy un amigo del señor Agudo. Me he reunido con él porque le interesan mis maquetas... Sí, sí... Hago reproducciones con cerillas de grandes obras maestras de la ingeniería... Pues... como el puente de Portugalete, el Golden Gate de San Francisco...

JACOBO. Pero ¡a ella le importa un comino!

HUESO. *(Tapando el auricular y susurrando con vehemencia).* ¡Al contrario, le apasiona!

JACOBO. ¡No bloquee mi teléfono!

HUESO. *(Por teléfono).* Disculpe, pero debo dejarla, me llama y me da miedo dejarlo solo en el estado en que se encuentra...

JACOBO. *(Horrorizado).* ¡Madre mía!

HUESO. *(Por teléfono).* ¿Cómo?... Claro que sí, su mujer ha vuelto... Cuando digo que no puedo dejarlo solo, es porque ha vuelto a salir... No, no se ha marchado de nuevo, solo ha salido. Un segundo, para... para tirar la basura...

JACOBO. *(Cada vez más agobiado).* Pero ¡qué cosas dice!

HUESO. *(Por teléfono).* ¿Cómo?... Aries... Aries ascendente géminis...

JACOBO. ¡Basta!

HUESO. *(Por teléfono).* ¿Los aries no son mentirosos? Pero yo nunca miento, se lo aseguro... *(JACOBO intenta asfixiar a HUESO con un cojín del sofá. HUESO consigue apartarlo).* ¿Hola? ¿Hola? ¡Ha colgado! ¡Ha dicho: «¡Ya voy!» y ha colgado!

JACOBO. ¡Lo que le decía!

HUESO. Lo siento, no pensaba que fuera tan perspicaz, confieso que no me he esmerado lo suficiente.

JACOBO. *(Enfadándose).* ¡No sé cuánto se ha esmerado, pero el resultado es que ella se va a presentar aquí! Simplemente le había pedido que le dijera que mi mujer ha vuelto. ¡No era tan complicado! (HUESO *lo mira, sorprendido por su violencia.* JACOBO *se da cuenta y suaviza el tono*). Lo siento, es culpa mía, usted ha hecho lo que ha podido y yo se lo agradezco.

HUESO. ¿Quiere que vuelva a llamarla?

JACOBO. ¡No, no, ni hablar!

HUESO. De acuerdo, señor Agudo... ¿Estaba al corriente, su mujer?... De lo de Malena, quiero decir.

JACOBO. No.

HUESO. Entonces no se ha marchado por eso.

JACOBO. No.

HUESO. Quizá simplemente se ha marchado a casa de su madre.

JACOBO. No.

HUESO. Las mujeres suelen marcharse a casa de su madre.

JACOBO. No si su madre lleva diez años muerta.

HUESO. Ah, su mamá ha fallecido, perdone, no lo sabía, me sabe mal. (HUESO *tarda un poco en continuar*). Mi mamá también falleció. (JACOBO *está visiblemente irritado por la cháchara de* HUESO, *que no se da cuenta y continúa hablando*). ¿Y su mamá?

JACOBO. (*Deteniéndose*). ¿Podría dejarme en paz un momento?

HUESO. Por supuesto, disculpe... ¿Cree que ella también se ha marchado con uno de sus amigos?

JACOBO. No se ha marchado con nadie.

HUESO. La mía tampoco se marchó con nadie. Porque Rafa Coronado y nadie son lo mismo. Pero, bueno, de todas formas, sí que se marchó con él.

JACOBO. *(Impaciente).* ¡Cállese, que detendré a la otra loca! *(Marca un número, escucha un instante y cuelga).* Comunica. *(Hace un gesto hacia el medicamento que le ha dejado RAMOS).* ¿Podría darme ese tubo de pastillas?

HUESO. *(Va a buscar las pastillas).* ¿Quiere un vaso de agua?

JACOBO. Sí, por favor.

HUESO. *(Dirigiéndose al mueble bar).* Las conozco, estas pastillas. Vaya con cuidado, son muy fuertes. *(JA-COBO agarra el tubo de pastillas sin contestar).* Una noche, casi me tomé un tubo entero. Hacía tres semanas que ella se había marchado y aquella mañana había recibido una postal. Debió de elegirla él, porque salía el mar, pero con una mierda de tabla de surf encima... Y ella me decía: «Estoy segura de que tú no te aburres con tus cerillas. En cualquier caso, yo soy feliz», y casi me tomé el tubo entero. Lo que me salvó fue el puente de Toledo. Estaba metido de lleno, no podía dejarlo a medias. *(Le da un vaso de agua a JACOBO).* Pero su caso es distinto, señor Agudo. Si está seguro de que no se ha marchado con otro hombre, no hay ningún problema. Pero si hay un Rafa Coronado en el cuadro, entonces... *(Con la otra mano, JACOBO vuelve a marcar el número de MALENA y cuelga, agobiado).* ¿Sigue comunicando?

JACOBO. Sí, debe de estar buscando a alguien que le cuide los perros. *(El teléfono suena en sus rodillas. JACOBO se sobresalta y vuelca el vaso).* ¡Mierda!

HUESO. Es agua, no es grave...

(Va a buscar al mueble bar algo con que secarlo. JACOBO descuelga).

JACOBO. *(Por teléfono).* ¿Diga?... Ah, eres tú, intentaba llamarte, comunicabas... Malena, escúchame, no te molestes con los perros, esta noche no estoy en condiciones de verte... Porque estoy cansado y, sobre todo, porque Cristina va a volver en cualquier momento... ¿Cómo, Blanco? ¿Por qué me hablas de Blanco? ¡A ella le da igual Blanco!... *(Más seco).* Bueno, tú piensa lo que quieras, pero yo te digo que mi mujer no se ha marchado con nadie y que prefiero que te quedes en casa esta noche, ¿está claro? ¿Me oyes? *(Cuelga, furioso).* ¡No me escucha, está enferma!

(HUESO, que sigue secando el pantalón de JACOBO, hace una observación un poco burlona).

HUESO. Bueno, algo hay...

JACOBO. ¿Cómo?

HUESO. No, nada, es que lo he oído sin querer y me ha parecido entender que ella creía que su mujer se había marchado con...

JACOBO. *(Lo corta).* ¡Dice tonterías!... Bueno, ¡ya basta, ya está seco!

HUESO. *(Deja de secarlo).* Le traeré otro vaso. *(Se dirige al mueble bar).* ¿Es un amigo suyo?

JACOBO. ¡Haga el favor de dejarme en paz!

(HUESO se queda blanco. Molesto, deja el vaso de agua y la botella encima del mueble bar).

HUESO. Cuando usted me ha pedido que le contara mi vida, yo no le he contestado: «¡Déjeme en paz!». Adiós, señor Agudo.

(HUESO sale).

JACOBO. ¡La cartera!

(HUESO, todavía blanco, vuelve hacia JACOBO, recoge su cartera y se dirige de nuevo hacia la puerta. Se detiene en el umbral).

JACOBO. Blanco era un amigo mío, mi mejor amigo. ¿Qué, ya está contento?

(HUESO vuelve hacia JACOBO, lleno de curiosidad).

HUESO. ¿Por qué se pelearon? ¿Porque rondaba a su mujer?

JACOBO. En absoluto, fui yo quien se la quitó. *(HUE-SO lo mira, perplejo. JACOBO se explica).* Vivía con Cristina y ella lo dejó por mí.

HUESO. ¿Usted le quitó a su mujer? Pero ¡qué horror! ¡Todos los tipos que hacen surf les quitan la mujer a sus amigos!

JACOBO. *(Estalla).* ¡Yo no hago surf! ¡No insista en eso!

HUESO. ¿Cómo que no hace surf? Hace un momento me ha dicho que...

JACOBO. *(Rectificando).* No hago lo suficiente como para quitar la mujer a mis... *(Rectificando más aún).* Pero ¡qué cosas cuento! *(A HUESO).* Bueno, ¿ya he satisfecho su curiosidad?

HUESO. *(Sentándose).* Creo que no lo he entendido bien: su mujer era la mujer del señor Blanco, que era su mejor amigo...

JACOBO. Su mujer no, su novia. Habían escrito una novela juntos y vinieron a ofrecérmela.

HUESO. ¿Y entonces?

JACOBO. Me quedé las dos cosas: la novela y a Cristina.

HUESO. *(Atónito).* Pero ¿por qué lo hizo?

JACOBO. ¿Por qué? ¡Pues porque me gustaba! ¿A usted nunca le ha tentado la mujer de otro?

HUESO. *(Honesto).* Espere, que lo pienso...

JACOBO. No, no hace falta... *(Volviendo a su preocupación).* Dudo que haya vuelto con Blanco, es imposible, una mujer no da marcha atrás.

HUESO. *(Con tristeza)*. Sin embargo, yo todavía tengo la esperanza de que la mía vuelva.

JACOBO. Ojalá, pero... No.

HUESO. ¿No?

JACOBO. Blanco es muy majo, es un gran tipo, pero ella nunca ha estado realmente enamorada de él... No la convencía...

HUESO. ¿Y el mío, cree que la convencía, con su tabla de surf?

JACOBO. *(Exasperado)*. ¡Deje de mencionar constantemente a ese tipo! ¡Esto no es un concurso!

HUESO. No es un concurso, pero el suyo es mejor que el mío, es evidente.

JACOBO. *(Intentando zanjarlo)*. Bueno, creo que ya hemos agotado este asunto, señor Hueso.

HUESO. ¿Por qué no lo llama?

JACOBO. ¿A quién?

HUESO. A Blanco, para salir de dudas.

JACOBO. Eso, no he hablado con él desde hace dos años, y ahora lo llamo y le digo: «¿La mujer que te quité ha vuelto contigo?».

HUESO. *(Reflexiona un instante y propone)*. ¿Y si lo llamo yo?

JACOBO. *(Exasperado)*. ¡No!

HUESO. ¿Por qué?

JACOBO. Pues porque no.

HUESO. ¿No nos conocemos lo suficiente?

JACOBO. No, no es por eso.

HUESO. Lo llamo y le digo: «Buenas noches, soy un viejo amigo de la mujer de Agudo. ¿Sabe dónde puedo encontrarla?».

JACOBO. ¡Eso es! ¡No va a sospechar nada!

HUESO. Solo intento ayudarlo.

JACOBO. Ya lo ha intentado dos veces, primero marcando un número equivocado y luego mandándome a una histérica a casa que no puedo controlar.

HUESO. *(Ofendido)*. Bueno, no insisto. Buenas noches, señor Agudo.

(Recoge la cartera y se dirige hacia la puerta. JACOBO lo sigue con la mirada, a todas luces atormentado).

JACOBO. ¿Señor Hueso?

HUESO. *(Se detiene)*. ¿Sí?

JACOBO. *(Vacila un poco, atormentado aún, y luego se decide)*. Si le digo exactamente lo que tiene que decirle, ¿cree que puede hacerlo?

(HUESO vuelve a sentarse en el sofá).

HUESO. Hay momentos en que realmente me da la impresión de que usted me toma por un imbécil. *(JACOBO no reacciona. Mira a HUESO con una expresión vacía. HUESO vuelve hacia él lleno de arrojo).* ¡Pues claro que puedo hacerlo! ¿Qué debo decirle?

JACOBO. *(Tras una pausa)*. ¡Concéntrese! ¡Vamos, concéntrese! Quizá podríamos recurrir al libro que escribieron juntos.

HUESO. Sí.

JACOBO. Llame a Blanco y dígale que es usted productor de cine.

HUESO. Sí.

JACOBO. Ha leído la novela y quiere comprarle los derechos para el cine.

HUESO. Sí.

JACOBO. Y, al final de la conversación, le pregunta dónde puede localizar a su colaboradora.

HUESO. ¿Qué colaboradora?

JACOBO. *(Crispado)*. ¡Mi mujer! ¡Acabo de contarle que escribió un libro con él!

HUESO. Ah, sí, exacto, *ok*, disculpe.

JACOBO. *(Mira a HUESO con una aprensión redoblada)*. Es imposible que salga bien.

HUESO. Claro que sí, ya está, lo he entendido. No es fácil, pero lo he entendido.

JACOBO. *(Se irrita)*. ¿Cómo que no es fácil? ¡Es facilísimo! Usted es productor, ¿de acuerdo?

HUESO. De acuerdo, de acuerdo.

JACOBO. Tiene una productora en Madrid. *(Rectifica)*. No, en Madrid no, él conoce a todo el mundo en Madrid... Usted es un productor extranjero...

HUESO. *(Repentinamente excitado, adoptando un acento americano)*. ¿Un gran productor americano?

JACOBO. *(Estalla)*. ¡Que no! ¡Menudo idiota!

HUESO. ¿Cómo?

JACOBO. No, no, perdone... ¡Usted es venezolano! ¡Eso es! Sí, es perfecto, venezolano.

HUESO. ¿Por qué venezolano?

JACOBO. Porque es una gran idea que sea venezolano. Usted es un gran productor venezolano, ha leído *El caballito del tiovivo* –es el título de la novela– y quiere comprar los derechos para el cine, ¿de acuerdo?

HUESO. ¿Es un buen libro?

JACOBO. Malísimo, pero ¿qué más da?

HUESO. Me fastidia un poco.

JACOBO. ¿Por qué?

HUESO. Si el libro es malo, ¿por qué querría comprar los derechos? ¿Eh?

JACOBO. *(Tras una pausa)*. Señor Hueso...

HUESO. ¿Sí?

JACOBO. Usted no es productor, ¿verdad?

HUESO. No.

JACOBO. Tampoco es venezolano, ¿verdad?

HUESO. No.

JACOBO. No llama para comprar los derechos del libro, sino para intentar averiguar dónde está mi mujer.

HUESO. *(Reflexiona un poco y luego esboza una sonrisa)*. Es muy retorcido, pero inteligente de cojones. *(Alarga la mano hacia el teléfono)*. ¿Cuál es su número?

JACOBO. 91 474... *(Prudente)*. Ya lo marco yo. *(Descuelga)*. Él es Justo.

Hueso. ¡Ah, muy bien! ¿Y cómo se llama?

Jacobo. Justo, se lo acabo de decir. *(Hueso parece perplejo. Jacobo cuelga, nervioso).* Su nombre es Justo, y su apellido Blanco. *(Hueso parece cada vez más perplejo. A Jacobo le cuesta controlarse).* Señor Hueso... Usted se llama Francisco, ¿verdad? *(Hueso está sumido en la confusión más absoluta. Jacobo zanja el asunto).* Pues él se llama Justo. Justo Blanco. *(Hueso asiente con la cabeza, pero a todas luces todavía no ha desentrañado el problema. Jacobo vuelve a levantar el teléfono).* Bueno, ya hemos perdido demasiado tiempo... *(Marca el número).* Y Cristina firmó la novela como Cristina Flores... ¡Ya da señal, le pongo el altavoz! *(Toca una tecla y la señal, amplificada, resuena en el salón. Jacobo le tiende el teléfono a Hueso con aprensión).* Le toca a usted.

Hueso. ¿Pongo acento venezolano?

Jacobo. *(Categórico).* ¡No!

(La voz de Blanco resuena por el altavoz).

Blanco. *(En* off*).* ¿Diga?

Hueso. *(Con un acento venezolano bastante torpe).* Hola, ¿podría hablar con el señor Blanco, justo con él?

(Jacobo pone los ojos en blanco).

Blanco. *(En* off*).* Soy yo.

HUESO. Buenas noches, señor Blanco, soy Ramón Bolívar. Disculpe que le moleste a estas horas, pero soy productor, ¿sabe?, acabo de llegar de Venezuela y estoy muy interesado en su novela... *(Ha olvidado el título).* ... en su novela...

JACOBO. *(En susurros). El caballito del tiovivo.*

HUESO. *(Por teléfono, también en voz baja).* ... *El caballito del tiovivo,* y me gustaría hablar sobre la compra de los derechos para el cine.

BLANCO. *(En* off*).* ¿Esto es una broma o qué?

HUESO. En absoluto, no, ¿por qué una broma?

BLANCO. *(En* off*).* ¿Esteban?

HUESO. ¿Perdón?

BLANCO. *(En* off*).* Deja de hacer el imbécil, Esteban, que te he reconocido.

(HUESO tapa el auricular y se monda de risa, mirando a JACOBO).

HUESO. *(Por teléfono).* Se equivoca usted, señor Blanco, no soy Esteban, soy productor y acabo de llegar de Caracas.

BLANCO. *(En* off, *interrumpiéndolo).* ¿De qué productora?

HUESO. ¿Perdón?

BLANCO. *(En* off*).* ¿Cómo se llama su productora?

(HUESO se vuelve otra vez hacia JACOBO, que también parece sorprendido).

84

Hueso. *(Improvisando).* Los Filmes del Libertador.

> *(Parece orgulloso de su ocurrencia y levanta el pulgar en dirección a* Jacobo, *que se muestra cada vez más desconfiado).*

Blanco. *(En* off*).* ¿Los Filmes del Libertador?

Hueso. Eso es, una productora joven pero dinámica, señor Blanco.

Blanco. *(En* off*, bajando un poco la guardia).* ¿Y le interesa mi novela?

Hueso. Muchísimo.

Blanco. *(En* off*).* ¿Para el cine o para televisión?

Hueso. Para el cine, señor Blanco, ¡para la gran pantalla, no para la caja boba!

Jacobo. *(En susurros).* ¡Mi mujer!

> *(*Hueso *parece cada vez más orgulloso de su actuación.* Jacobo *sigue igual de preocupado.* Blanco, *al otro lado del hilo, parece haber picado en el anzuelo).*

Blanco. *(En* off*).* Debo advertirle de que me gustaría hacer la adaptación yo mismo.

Hueso. Eso no es ningún problema, señor Blanco, simplemente debe saber que no somos una gran productora y que no tenemos unos medios enormes, pero, si no tiene demasiada hambre...

Jacobo. *(En susurros).* ¡Mi mujer!

Blanco. *(En* off*).* Concretaremos las cuestiones económicas más adelante. ¿Cuándo podemos reunirnos, señor... ¿Señor...?

Hueso. Bolívar. Mañana le llamaré a casa para quedar en algún momento.

Jacobo. *(En susurros).* ¡Mi mujer!

Blanco. *(En* off*).* Perfecto, ¡hasta mañana!

Hueso. Hasta mañana, señor Blanco. *(Cuelga el teléfono, triunfante).* ¡Ya está! ¡Tenemos los derechos! ¡Y no muy caros seguramente! ¡Ha picado, ha picado!

Jacobo. *(Lo mira con incredulidad).* ¿Y mi mujer?

Hueso. ¿Qué?

Jacobo. ¡Se ha olvidado de mi mujer! ¡Ha hecho el payaso durante cinco minutos y se ha olvidado de mi mujer!

Hueso. ¡Vaya pifia!

Jacobo. *(Con la misma incredulidad).* Esto supera todo lo que pudiera imaginarme.

Hueso. Ay, sí, vaya pifia.

Jacobo. *(Casi con respeto).* Desde luego, se ha lucido.

Hueso. *(Le quita el teléfono).* Volveré a llamarlo.

Jacobo. ¡Devuélvame el teléfono!

Hueso. Le diré: «Por cierto, señor Blanco, me he olvidado de preguntarle dónde puedo localizar a su colaboradora, Cristina Flores», ¡es así de fácil!

Jacobo. Devuélvame el teléfono.

HUESO. Es una lástima, porque lo habríamos aclarado.

(*JACOBO lo mira un instante, atormentado de nuevo*).

JACOBO. ¿No le va a decir nada más que «Por cierto, señor Blanco, me he olvidado de preguntarle dónde puedo localizar a su colaboradora, Cristina Flores»?
HUESO. Ni una palabra más.

(*HUESO vuelve a marcar el número y pulsa de nuevo la tecla del altavoz. Resuena la señal y luego la voz de BLANCO*).

BLANCO. (*En* off). ¿Diga?
HUESO. (*Por teléfono*). Señor Blanco, disculpe que vuelva a molestarlo, soy el señor Bolívar otra vez...
BLANCO. (*En* off, *interrumpiéndolo*) Lo siento, pero estoy hablando con mi agente por la otra línea, lo llamo en un minuto. ¿Cuál es su número?
HUESO. (*Mira el número apuntado en el teléfono*). Noventa y uno, siete, cinco, uno; cuarenta y cuatro, treinta y tres.
JACOBO. (*Horrorizado*). ¡Madre mía!
HUESO. (*Por teléfono*). ¿Oiga? ¿Oiga? (*A JACOBO*). Ha colgado.
JACOBO. ¡Claro que no, he sido yo, zote!
HUESO. ¿Perdón?

JACOBO. ¡Le ha dado mi número de teléfono!

HUESO. ¡Sí, claro! ¡Me ha preguntado dónde podía llamarme!

JACOBO. *(Incrédulo)*. Usted no descansa nunca, ¿eh?

HUESO. *(De buena fe)*. Disculpe, pero reconozco que ahora ando un poco perdido. Intento entenderlo, pero...

JACOBO. *(Asiente con la cabeza expresando una especie de respeto)*. De categoría mundial. Quizás incluso el campeón del mundo.

> *(Suena el teléfono. HUESO se aclara la garganta y se acerca el auricular a la oreja; JACOBO se lo arranca de la mano. Vuelve a sonar de nuevo)*.

HUESO. Es él, que devuelve la llamada... ¿No contestamos?

> *(Se activa el contestador automático. Primero se oye el mensaje de JACOBO y después la voz de BLANCO)*.

BLANCO. *(En off)*. Jacobo, soy Justo. Por unos instantes me he preguntado qué hacía en tu casa ese extraño productor venezolano, y luego he comprendido que simplemente querías saber dónde está tu mujer. Si es el caso, te sugiero que me lo preguntes a las claras y sin acento. Adiós.

JACOBO. *(Descuelga precipitadamente)*. ¿Justo?

BLANCO. *(En* off*)*. ¿Sí?

JACOBO. Soy yo. ¿Dónde está ella?

BLANCO. *(En* off, *tras una pausa)*. Llevaba dos años esperando este momento y, extrañamente, no me alegra tanto... Creo que hasta te compadezco, imagínate.

JACOBO. No te pido tanto, solo dime si está en tu casa.

BLANCO. *(En* off*)*. No, no está en mi casa. Me ha llamado hace un rato para decirme que te dejaba. Estaba muy apesadumbrada.

JACOBO. ¿No te ha dicho a dónde iba?

BLANCO. *(En* off*)*. No.

JACOBO. *(Atormentado)*. Pero ¿a dónde habrá ido? ¡Dios mío!...

BLANCO. *(En* off*)*. Duele, ¿verdad?

JACOBO. Sí, ya sé que tú también lo viviste, pero es que además tengo un tirón lumbar...

BLANCO. *(En* off*)*. ¡Estás de broma!

JACOBO. Si me vieras, te partirías de la risa, no puedo moverme, estoy destrozado, de pena, vamos...

BLANCO. *(En* off*)*. ¿Quieres que vaya a verte?

JACOBO. *(Emocionado)*. Me conmueve muchísimo que me lo propongas después de lo que te hice, pero prefiero estar solo. Buenas noches, Justo, y gracias de nuevo.

BLANCO. Buenas noches.

(Jacobo va a colgar, pero cambia de parecer).

JACOBO. ¿Justo?

BLANCO. *(En off).* ¿Sí?

JACOBO. No estás obligado, pero si por casualidad te llama otra vez...

BLANCO. *(En off).* Te llamo, prometido.

JACOBO. Gracias. La verdad es que no me merezco a un amigo como tú. *(Cuelga y se vuelve hacia HUESO).* ¿Podría pasarme aquel bloc, por favor?

(HUESO se lo da).

HUESO. *(Con un sollozo).* Sí.

JACOBO. Deje esta nota en la puerta; es para la otra loca. *(Se pone a escribir).* «Me he tomado calmantes, estoy durmiendo, no quiero ver a nadie esta noche». *(Le da la hoja de papel a HUESO, que la coloca sobre la mesilla).* Bueno, espero que tenga el buen gusto de dejarme en paz.

HUESO. ¿Quiere que la espere? Usted enciérrese en su cuarto y yo haré de barrera.

JACOBO. No, no, ya ha hecho suficiente.

HUESO. Sé que no he estado a la altura, hace un rato, por teléfono, y lo siento muchísimo, señor Agudo, me habría gustado tanto ayudarlo...

JACOBO. Ayúdeme a ir a la cama, no le pido nada más.

(Se levanta con dificultad. HUESO lo ayuda y lo lleva poco a poco hasta su dormitorio).

HUESO. Ya se lo he dicho antes, pero lo que más me ayudó cuando estaba como usted fue hacer maquetas. *(JACOBO se detiene para recuperar el aliento. HUESO vuelve a la carga).* ¿Quiere que le enseñe?

JACOBO. ¡No!

HUESO. ¿Tiene cerillas en casa?

JACOBO. *(Levantando la voz).* ¡Ya le he dicho que no! ¡No quiero hacer maquetas, carajo, no quiero! *(Entra en su dormitorio con HUESO, al que echa violentamente y le cierra la puerta en las narices).* Buenas noches, señor Hueso.

HUESO. *(A la puerta cerrada).* Buenas noches, señor Agudo. *(Va a buscar su cartera de mano, duda un poco y, sonriendo, saca las fotos de las maquetas, que dispone sobre la mesa en dirección al dormitorio).* Le dejo mis fotos, las tengo por duplicado... Así, si mañana por la mañana se aburre... *(Va a salir, pero cambia de parecer).* ¡Ah, la notita para Malena!

(Va a buscar la nota en la mesa, mientras CRISTINA entra en el salón).

CRISTINA. *(Sorprendida por la presencia de HUESO).* ¿Quién es usted? *(Grita).* ¡Jacobo!

HUESO. *(Acercándose a ella)*. ¡Shhh!... ¡No entre, que duerme!

CRISTINA. ¿Perdón?

HUESO. Hemos hablado hace un rato por teléfono... ¡Soy el aries ascendente géminis!

CRISTINA. ¿Cómo?

HUESO. Quería llamar al médico y me he topado con usted, y después Jacobo me ha contado que usted era su... novia.

CRISTINA. ¿Su novia?

HUESO. Sí, y siento si me he enredado un poco por teléfono, porque, de hecho, la situación es muy sencilla: su mujer lo ha dejado, pero él está muy bien, es muy feliz, ahora mismo está durmiendo y no quiere que lo molesten, ¿está claro?

CRISTINA. *(Helada)*. Muy claro, sí... ¡Voy a decirle cuatro cosas!

HUESO. Malena... ¿Me permite que la llame Malena?

CRISTINA. Por supuesto.

HUESO. No conozco al señor Agudo desde hace mucho tiempo, pero creo que lo entiendo bien, y me gustaría darle un consejo de amigo.

CRISTINA. Soy toda oídos.

HUESO. Espere un poco. Su mujer se ha marchado, no aproveche la ocasión enseguida. Siga siendo la amante sensual y divertida que me imagino yo, use ligueros y champán, no sé si me explico; siga viéndolo tres o cuatro veces por semana, como antes; distráigalo y espere su turno. Si debe llegar, ya llegará.

CRISTINA. ¿Él le ha dicho que nos veíamos tres o cuatro veces por semana?

HUESO. *(Galante)*. Me ha dicho que, si pudiera, la vería todos los días, y lo comprendo, porque usted es una mujer muy hermosa.

CRISTINA. *(Tras una pausa)*. Creo que tiene usted razón, más vale que no lo despierte.

HUESO. ¡Bravo, Malena! Vuelva a casa tranquilamente y le haré una predicción: dentro de poco, ¡llamará a su puerta con un frasco de perfume para usted y un juguete para sus perros!

CRISTINA. Usted iba a cenar con él esta noche.

HUESO. *(Sorprendido)*. ¿Cómo lo sabe? ¿Le habló de mí?

CRISTINA. Sí, pero lo habría reconocido de todas formas.

(Sale. HUESO se frota las manos, satisfecho).

HUESO. ¡Buen trabajo! *(JACOBO aparece en la puerta de su dormitorio, a todas luces confuso. HUESO se explica)*. ¡Caramba, ya se encuentra mucho mejor, ya puede caminar solo!

JACOBO. *(Un poco patoso)*. ¡Todavía está aquí!

HUESO. ¡Puede dar gracias al cielo de que todavía esté aquí!

JACOBO. ¿Por qué?

HUESO. *(Sonríe de antemano por el efecto que causará).* ¡Ha tenido visita!

JACOBO. ¿Quién?

HUESO. ¡La loca!

JACOBO. ¿Malena?

HUESO. Acaba de irse, quería forzar la puerta de su cuarto, pero ha tenido usted la suerte de conocer a un señor llamado Francisco Hueso, que ha dicho: «¡No pasarán!».

JACOBO. *(Incrédulo).* ¿Ha conseguido echar a Malena?

HUESO. Sí, y aunque esté feo que lo diga yo, creo que esta vez he actuado con mucha finura, he alternado la dulzura con la firmeza, y ella se ha quedado fuera enseguida... ¡No creo que vuelva a verla en mucho tiempo!

JACOBO. *(Todavía incrédulo).* No es muy propio de ella dejar que la echen así.

HUESO. Debo reconocer que la he encontrado mucho menos exaltada de lo que me decía usted. Incluso me ha parecido bastante fría.

JACOBO. ¿Malena, fría?

HUESO. Sí, bueno, reservada, digamos... Y también hermosa, muy hermosa. ¿A qué se dedica?

JACOBO. Escribe.

HUESO. ¿Ella también? ¡Vaya, se acuesta usted con todas sus autoras!

JACOBO. *(Con una voz neutra).* ¡Que le den morcilla!

HUESO. Bueno, vale, no es asunto mío, pero le digo lo que pienso: eso no está bien. Yo siempre fui fiel a la mía. Y eso que ocasiones no me faltan, en Hacienda.

JACOBO. *(Quejumbroso).* Me gustaría que me dejara tranquilo. *(Suena el timbre del interfono. JACOBO se queda paralizado).* ¿Quién es ahora?

HUESO. *(Excitado).* ¡Vaya, esto es un no parar!

(Descuelga el teléfono del interfono).

JACOBO. *(Inquieto).* Vuelve a ser ella, estoy seguro, no nos la quitaremos de encima tan fácilmente.

HUESO. ¿Quién es?

BLANCO. *(En* off*).* Soy Justo.

(HUESO, divertido, se vuelve hacia JACOBO).

HUESO. Justo es Justo. *(Suelta una risita complaciente por su bromita. A JACOBO no lo divierte).* ¡Adelante, Justo!

JACOBO. Bueno, ahora debe dejarnos. Llévese sus fotos y gracias por todo.

HUESO. No, no, quédeselas, son copias, ya se lo he dicho.

JACOBO. Es usted muy amable, pero me temo que ahora mismo no tengo la cabeza para esto.

(Llaman a la puerta).

HUESO. No se mueva, ya voy yo. *(Va a abrir la puerta. Entra BLANCO. Tiene la misma edad que JACOBO y una expresión sensible y generosa).* Buenas noches, señor Blanco. *(Se presenta).* Francisco Hueso.
BLANCO. Buenas noches.

(Se acerca a JACOBO, que le sonríe).

JACOBO. Has venido de todas formas.
BLANCO. Me preocupaba dejarte solo.
JACOBO. Realmente eres un cabrón siendo tan amable, Justo.

(HUESO interviene).

HUESO. En realidad, no estaba solo. ¡Por suerte, me tenía a mí!
BLANCO. ¿Es el productor venezolano?
JACOBO. Sí, ahora se iba. Adiós, señor Hueso.
HUESO. No me llame señor Hueso, llámeme Francisco, por favor.
JACOBO. De acuerdo, adiós.
HUESO. Adiós, Jacobo.
JACOBO. *(A BLANCO).* ¿Qué tal tú?
HUESO. *(Mostrándole sus fotos a BLANCO).* Son construcciones que hago con cerillas...

JACOBO. *(Lo corta).* Señor Hueso, Justo no ha venido para hablar de maquetas.

HUESO. *(Herido).* Bueno, vale, disculpe.

(Va a recoger sus fotos y empieza a ordenarlas metódicamente en la carpeta. JACOBO se vuelve hacia BLANCO).

JACOBO. *(Afectuoso).* ¿Qué es de ti? ¡Cuéntame!

BLANCO. Sigo escribiendo, pero no te preocupes, que ya tengo editor.

JACOBO. ¿En qué estás trabajando ahora mismo?

BLANCO. Ya hablaremos de mi obra más adelante, Jacobo. No tengo buenas noticias. Me acaba de llamar.

JACOBO. *(Tenso de nuevo).* ¿Y?

BLANCO. Dudaba entre volver a casa y hacer una locura; he intentado convencerla para que volviera, pero parece que...

JACOBO. ¿Qué locura?

BLANCO. Temo que haya ido a casa de Montante.

JACOBO. ¿Cómo?

BLANCO. Pascual Montante, el publicista. ¡Seguramente está en su casa ahora mismo!

JACOBO. *(Horrorizado).* ¡No!

BLANCO. Llevaba semanas seduciéndola, ella se ha resistido hasta esta noche, pero...

(Hueso escucha la conversación apasionadamente y acaba sentándose en el sofá. Jacobo se vuelve hacia él, impaciente).

Jacobo. ¿Todavía no ha terminado?

Hueso. Sí, no, las estoy ordenando cronológicamente; delante de todo, las primeras construcciones...

Jacobo. *(Lo corta).* Ya las ordenará en su casa, se lo ruego.

Hueso. *(Seco).* De acuerdo.

Jacobo. *(A Blanco).* Pero ¿por qué Montante? ¡Es de mala calaña!

Blanco. Quizá lo haya elegido precisamente por eso. *(Hueso asiente con la cabeza).* Está resentida contigo, ya lo sabes.

Jacobo. ¿Y elige a un donjuán de mierda, a un ligón asqueroso? ¡Está loca de remate!

Hueso. *(Cerrando la cartera de mano).* ¡Y la mía, vamos! ¡También eligió a un idiota!

Jacobo. *(Estalla).* ¡Haga el favor de dejarnos en paz!

Hueso. *(Helado).* Me voy. Buenas noches, señor Agudo.

Jacobo. *(A Blanco).* ¿Dónde vive ese cabrón?

Blanco. Sé que tiene un picadero en algún lugar de Madrid, pero para conseguir la dirección...

Hueso. Buenas noches, señor Agudo.

Blanco. Buenas noches. *(A Jacobo).* Debe de ser secreto, y no se me ocurre quién podría informarnos.

HUESO. Buenas noches, señor Agudo.

JACOBO. *(Grita)*. ¡Buenas noches! *(A BLANCO)*. En fin, ¡debemos encontrar la dirección como sea!

HUESO. *(Como quien no quiere la cosa)*. A Montante lo inspeccionaron.

JACOBO. ¿Cómo?

HUESO. Si es Pascual Montante, el publicista, lo inspeccionaron, lo sé, vi su expediente en Hacienda. Fue Caballo, un amigo mío, quien le hizo la inspección. Efectivamente, tiene un picadero en Madrid, pero no es del todo secreto. Al menos, no para nosotros. Buenas noches, señor Agudo.

(HUESO sale. JACOBO se vuelve hacia BLANCO, fuera de sí).

JACOBO. ¡Alcánzalo, carajo!

BLANCO. ¡¡¡Señor Hueso!!!

(BLANCO se precipita hacia el rellano y, al cabo de un instante, vuelve con HUESO).

HUESO. *(Burlón)*. ¿Me necesita, Jacobo?

JACOBO. Perdone, señor Hueso, es que antes me he puesto un poco nervioso...

HUESO. *(Lo corta)*. Francisco, llámeme Francisco.

JACOBO. Perdone, Francisco.

HUESO. Confieso que me ha dolido bastante. Le presto

mis fotos y usted me las tira a la cara; me las apaño para echar a la otra loca y usted apenas me da las gracias; comprendo que esté nervioso, pero...

JACOBO. Bueno, le pido perdón... Siéntese, relájese, ¿le apetece tomar algo, amigo Francisco?

HUESO. *(Se sienta)*. No, gracias. *(Abre la cartera de mano y vuelve a sacar las fotos)*. No es para enseñárselas, solo quiero ordenarlas. No le molestaré más con esto, no se preocupe.

JACOBO. *(Falso)*. Claro que no, claro que no, no me molesta en absoluto. *(A BLANCO)*. Francisco hace unas construcciones extraordinarias con cerillas.

BLANCO. *(Educadamente)*. ¿De verdad?

JACOBO. Y tanto... Enséñele el Puente del Rey, Francisco.

HUESO. No he hecho el Puente del Rey.

JACOBO. *(A punto de estallar)*. Bueno, ¡enséñele algún puente! *(A BLANCO)*. Ya verás qué bonito.

HUESO. *(Le tiende una foto a BLANCO)*. Este fue mi primer puente, trescientas cuarenta y tres cerillas; como ve, es bastante rudimentario.

BLANCO. *(Falso)*. Pero muy prometedor.

HUESO. Ahora verá el siguiente.

JACOBO. *(Haciendo un gran esfuerzo para seguir mostrándose adulador)*. ¿Cree que podría conseguirnos la dirección de ese picadero, Francisco?

HUESO. Debería llamar a Caballo y a esta hora me cuesta. *(Echa un vistazo a su reloj)*. Debe de estar viendo el partido por la tele; ahora no es el momento de molestarlo. *(Le tiende otra foto a BLANCO)*. Esto es una grúa Derrick. Vi una foto de una y pensé: «¿Y si la hago?».

BLANCO. *(Mira la foto)*. Magnífica Derrick. *(A JACOBO)*. ¿Has visto esta Derrick?

JACOBO. *(Nervioso)*. Sí, sí...

HUESO. *(Se echa a reír)*. ¿Saben cómo la llamé? ¡Bonita Derrick! ¡Por la actriz americana Bo Derek! ¡Bonita Derrick, Bo Derek! *(Ante la falta de reacción de JACOBO y BLANCO, HUESO se pone nervioso)*. ¡Bonita Derrick, Bo Derek!

(JACOBO y BLANCO se ríen de manera forzada).

JACOBO. Bonita Derrick...

BLANCO. Bo Derek.

HUESO. ¡La de risas que nos echamos en el trabajo con esto! ¡Bonita Derrick, Bo Derek, Bonita Derrick, Bo Derek!

(JACOBO y BLANCO vuelven a reírse con HUESO).

JACOBO. *(Cada vez más tenso)*. Francisco, probablemente mi mujer esté con el peor obseso sexual de todo Madrid. Quizá podría usted hacer un esfuerzo y llamar a Caballo.

HUESO. *(De un bolsillo interior saca una agenda)*. Suponiendo que tenga su número particular... Veamos,

veamos, Caballo... Caballo... ¡Ah, sí, Caballo! Ha tenido suerte, ¡aquí está! Vaya, también tengo el número de su hermano, Luis Caballo, que se dedica a la enseñanza... Es curioso, porque apenas lo conozco; debí de apuntar su teléfono el día de la comunión del churumbel de Caballo...

JACOBO. *(Lo corta)*. Es apasionante, pero ya nos lo contará más tarde. ¡Dese prisa, por favor!

HUESO. *(Vuelve a mirar el reloj)*. Le aconsejo que esperemos al descanso.

JACOBO. ¿Por qué?

HUESO. Me gustaría llamarlo ahora, pero, si están jugando, corremos el riesgo de que esté de mala leche y me mande a freír espárragos. Yo de usted, me esperaría al descanso.

JACOBO. *(Cada vez más tenso)*. ¿Y cuándo es el descanso?

HUESO. No debe de faltar mucho. Lo mejor es que veamos el partido. ¿Tiene usted tele?

JACOBO. *(Nervioso)*. ¡Ahora no voy a sentarme a ver un partido de fútbol!

HUESO. Es el Barça-Athletic...

JACOBO. *(Al límite)*. ¡Me importa un carajo! *(Se rectifica)*. Disculpe. Hay una tele en la salita, aquí al lado.

HUESO. *(Se levanta)*. En el descanso llamaré a Caballo. ¡Es la única manera de conseguir algo, créame! *(De repente, se pone a gritar)*. ¡Aúpa Athletic!

(Jacobo y Blanco se sobresaltan. Blanco lo observa mientras sale y se vuelve hacia Jacobo).

Blanco. Oye, ¿no es un poco idiota?

Jacobo. Por eso lo había invitado.

Blanco. *(Incrédulo).* No me digas que es el tipo...

Jacobo. *(De corazón).* Sí. Es horrible... horrible...

(Se oye un partido de fútbol de fondo).

Blanco. *(Acabando de comprenderlo).* ¿De verdad es el idiota de esa cena?

Hueso. *(En off).* ¡Vamos!

Jacobo. *(Destrozado).* Ya no aguanto más, Justo... Ya no aguanto más...

(Blanco se echa a reír).

Jacobo. No hace gracia. *(El sonido de la tele resuena muy fuerte. Jacobo grita).* ¡No tan fuerte! *(El sonido baja).*

Blanco. *(Desternillándose de risa).* Lo siento... pero es que te veo con el tirón y el mal de amores en manos de este... ¡Madre mía! ¡Madre mía!

Jacobo. *(Abatido).* Déjalo, por favor.

Blanco. *(Consigue recobrar un tono serio).* Entiéndeme, no es que me haya alegrado cuando ella me ha dicho que te iba a dejar, pero imaginarte toda la noche con este idiota... ¡Joder!

(Vuelve a descoyuntarse de risa. Suena el interfono).

JACOBO. ¿Quién es ahora?

BLANCO. No te muevas. *(Va a descolgar el teléfono del interfono).* ¿Quién es?

MALENA. *(En* off*).* ¡Soy yo!

JACOBO. *(Consternado).* ¡Oh, no! ¡No abras! ¡No abras!

(BLANCO lo mira, sorprendido. El interfono vuelve a sonar).

BLANCO. No sé quién es, pero tenemos que contestar. Ya sabe que hay alguien.

JACOBO. ¡No quiero verla, es una histérica! Dile que he salido, dile que me he muerto, dile lo que sea, pero no quiero verla... ¡Sabía que iba a volver!

(Llaman a la puerta. Resuena la voz de MALENA, en off*).*

MALENA. *(En* off*).* ¡Soy yo, querido, ábreme!

JACOBO. *(Abatido).* Ay, ay, ay...

(BLANCO toma la decisión. Abre la puerta. MALENA entra y se dirige hacia JACOBO).

MALENA. Me ha abierto uno de tus vecinos. Siento haber llegado tan tarde, pero es que no he encontrado a nadie para cuidar a los perros. Están en el coche. ¡Voy llena de pelos! ¿Y tú, te encuentras mejor, querido mío?

(JACOBO la mira con los ojos en blanco. Se vuelve hacia BLANCO).

MALENA. ¡Y ese es el aries, supongo! ¡El maldito aries mentiroso!

(Se oyen los gritos de HUESO en la salita).

JACOBO. *(Con una calma inquietante).* No, el aries está en la salita, ¡y tengo que leerle la cartilla! *(Grita).* ¡Hueso!

(La tele de la salita se apaga. Aparece HUESO).

HUESO. ¡El Athletic ha marcado uno! ¡El descanso empieza dentro de...! *(Ve a MALENA y se le ilumina la cara).* ¿Ha vuelto?
JACOBO. *(Los presenta).* Francisco Hueso... Malena.

(HUESO estrecha la mano de MALENA sonriendo y, de repente, deja de sonreír).

MALENA. Hola...
HUESO. ¿Malena?

JACOBO. *(Helado)*. ¿Se puede saber a quién ha echado hace un rato, Hueso?

HUESO. ¡Malena!

MALENA. ¿Cómo?

JACOBO. *(Levantando la voz)*. ¡Aquí está Malena, delante de sus narices! ¿A quién ha echado?

BLANCO. *(Incrédulo)*. No me digas que... *(Se echa a reír)*. ¡Madre mía!

JACOBO. *(Crispado)*. ¡Para reírte, ya puedes volver a casa!

BLANCO. *(Rectifica)*. Discúlpame.

JACOBO. *(A HUESO)*. ¿Ha echado a una mujer rubia con un traje sastre gris?

HUESO. *(Defendiéndose)*. Como usted me había dicho: «¡Vendrá la otra loca, vendrá la otra loca!», pues yo veo llegar a una mujer y pienso: «¡Es ella, la majareta!».

MALENA. *(A JACOBO)*. ¿De quién habla ahora?

BLANCO. *(A punto de estallar de risa)*. Ahora vuelvo...

(Se va corriendo hasta la salita de la tele y se parte de la risa, en off*)*.

JACOBO. *(A HUESO, con una voz neutra)*. ¿Qué le ha dicho exactamente?

HUESO. ¿A quién?

JACOBO. *(Grita)*. ¡A mi mujer!

HUESO. ¡Nada!

JACOBO. Vuelve a casa, usted habla con ella cinco minutos y se marcha corriendo. ¿Qué le ha dicho?

HUESO. *(Hace un gesto hacia MALENA).* ¡Pero yo pensaba que era la histérica, ya se lo he dicho! He pensado: ¡Esa ninfómana ha encontrado a alguien para cuidar de los perros y viene a dar la murga!

MALENA. Pero ¿de quién habla ahora?

(BLANCO, que salía de la salita de la tele, vuelve a marcharse precipitadamente. Se le oye reír en off*).*

JACOBO. Malena, sé razonable y vuelve a casa. Debo resolver un problema grave.

MALENA. Jacobo, escúchame.

JACOBO. *(Bajando el tono de voz).* Malena, márchate, por favor.

MALENA. ¿Cómo? ¿Me meto en el coche con los tres perros para venir a verte y ahora me echas?

(BLANCO regresa a toda prisa al salón y agarra a MALENA por el brazo).

BLANCO. Un consejo, Malena: váyase o esto acabará mal.

MALENA. ¡Déjeme en paz!

JACOBO. ¡Vete ya, Malena!

BLANCO. *(La arrastra hacia la puerta).* ¡Créame, lárguese, es lo mejor que puede hacer!

(MALENA se zafa y se vuelve hacia JACOBO, con un ademán dramático).

MALENA. ¡La majareta, la histérica y la ninfómana te dicen adiós! *(MALENA sale y reaparece en el marco de la puerta).* ¡Cabrón!

(Sale. JACOBO se vuelve hacia HUESO, horrorizado).

JACOBO. Ha echado a mi mujer.

HUESO. Lo siento, señor Agudo.

JACOBO. Ella ha vuelto y él la ha echado y la ha mandado derecha a Montante.

HUESO. Bueno, vale, he metido la pata, pero no soy el responsable, de verdad, se lo juro; cualquiera se habría equivocado.

JACOBO. *(Con una voz neutra).* Váyase.

BLANCO. *(Volviendo hacia ellos).* No, lo necesitamos, Jacobo. *(A HUESO).* Por favor, llame a Caballo.

JACOBO. *(Sigue mirando a HUESO, horrorizado).* No quiero verlo, que se vaya.

HUESO. ¡Lo lamento muchísimo, señor Agudo! ¡Ojalá se me tragara la tierra! ¡No sabe usted las ganas que tenía de ayudarlo!

BLANCO. *(Apremiante).* Jacobo, es el descanso, hay que llamar a Caballo enseguida.

HUESO. Me voy a enmendar, señor Agudo. Pídame que llame a Caballo... ¡Se lo ruego, pídame que llame a Caballo!

(JACOBO vacila. BLANCO interviene de nuevo).

BLANCO. Díselo, Jacobo. ¡Piensa en Cristina, hay que sacarla de allí! ¡Vamos, dile que llame a Caballo!
HUESO. Vamos, dígame que llame a Caballo...
BLANCO. Dile que llame a Caballo...
HUESO. Dígame que llame a Caballo... ¡Llame...
BLANCO. ... a Caballo!

(A todas luces, JACOBO hace un esfuerzo enorme).

JACOBO. Llame a Caballo.
HUESO. *(Se le ilumina la cara).* Gracias... ¡Gracias, gracias, señor Agudo! *(Se dirige hacia el teléfono).* ¡Todo se arreglará, ya lo verá, todo se arreglará!

(Marca un número).

JACOBO. Ponga el altavoz.

(Se oye la señal del teléfono, amplificada por el altavoz, y luego la voz de CABALLO resuena en el salón).

CABALLO. *(En* off*).* Diga.
HUESO. *(Por teléfono).* Lucio, ¿cómo estás? Soy Paco.
CABALLO. *(En* off*).* ¿Qué tal la noche, bilbaíno?
HUESO. Para empezar, no soy bilbaíno y, además, dos a uno, todavía no está perdido.

CABALLO. *(En* off*)*. Pero ¿qué dice este idiota, que no está perdido? ¡Le meten dos goles en los primeros cinco minutos y dice que no está perdido! ¡Los del Athletic son títeres, pichaflojas, negados!

HUESO. ¿Y a quién machacaron en Valencia la semana pasada? ¿Al Athletic, quizá? *(Grita)*. ¡Que les den por el culo, a los culés, por el culo!

CABALLO. *(En* off*)*. ¡Vete a la mierda!

HUESO. ¡Tú también, vete a la mierda! *(Se oye que CABALLO cuelga. HUESO, furioso, también cuelga)*. ¡Menudo imbécil! *(Empieza a insultar al teléfono)*. ¡Culé, zote! ¡Culé, zote! *(Desdeñoso)*. ¡Culé, zoquete! ¡Culé, zoquete! *(JACOBO y BLANCO se miran, boquiabiertos. HUESO tarda unos segundos en comprenderlo y entonces vuelve a levantar el teléfono)*. Lo llamo otra vez.

BLANCO. *(En susurros)*. Pero este tipo es un fuera de serie.

JACOBO. *(Abatido)*. Lleva una hora así, no para.

HUESO. *(Marcando el número)*. Lo llamo otra vez, ya se lo he dicho. ¡No es nada grave, nos peleamos todo el rato, nos adoramos!

(La señal del teléfono, amplificada por el altavoz, vuelve a resonar en el salón y después la voz de CABALLO).

CABALLO. *(En* off*, jovial)*. ¿Hueso?

HUESO. *(Por teléfono)*. Sí, Lucio, te he vuelto a llamar porque tengo que pedirte un favor.

Caballo. *(En* off*).* De acuerdo, pero con una condición.

Hueso. ¿Cuál?

Caballo. *(En* off*).* Que grites «Força Barça!».

Hueso. ¿Qué?

Caballo. *(En* off*).* Quiero oírte gritar «Força Barça!».

> *(Hueso vacila. Se vuelve hacia Jacobo y Blanco, a todas luces atormentado).*

Jacobo. *(Tenso).* ¡Vamos, dígalo!

> *(Hueso sigue vacilando, sumido en un verdadero debate interior. Blanco también interviene).*

Blanco. ¡Vamos, por Dios!

> *(Hueso los mira con una expresión patética. Para animarlo, Jacobo y Blanco empiezan a recitar juntos, con una voz persuasiva, el mismo cántico que los hinchas).*

Jacobo y Blanco. *(En voz baja).* Força Barça! Força Barça! Força Barça!

Hueso. *(A Jacobo, con un gesto grave).* Lo hago por usted, Jacobo.

Jacobo. *(En susurros).* Força...

Hueso. *(Con la voz quebrada, retoma la comunicación).* Força...

Blanco. Barça!

Hueso. Barça!

Caballo. *(En* off*).* ¡Vaya, debes de querer pedirme algo serio!

Hueso. Sí, Lucio, es importante.

Caballo. *(En* off*).* Te escucho.

Hueso. ¿Verdad que tú llevas el expediente de Montante...? Pascual Montante, el publicista.

Caballo. *(En* off*).* Afirmativo.

Hueso. Sé que tiene un picadero en Madrid y me gustaría saber la dirección.

Caballo. *(En* off*).* No eres su tipo, ¿sabes?

Hueso. ¿Cómo?

Caballo. *(En* off*).* Le gustan con tetas y con menos pelos en las piernas.

(Caballo se monda de risa. Hueso se ríe a su pesar y se vuelve hacia Jacobo, confuso).

Hueso. Es el alma de la fiesta. *(Por teléfono).* Te lo digo en serio, Lucio, necesito la dirección.

Caballo. *(En* off*).* Pero ¿por qué necesitas la dirección del follódromo de Montante?

(Hueso vacila un poco y luego se lo explica).

Hueso. Te voy a decir la verdad, es para un amigo que cree que su mujer está allí.

CABALLO. *(En* off*)*. ¿Con Montante? ¡Madre mía? ¿Su mujer está con Montante? ¡Pobre tipo!

HUESO. ¿Entiendes por qué quiero la dirección?

CABALLO. *(En* off*)*. ¡Claro que lo entiendo! ¡A Montante lo he visto en plena faena! En cuanto aparece una falda en el horizonte, ¡se vuelve loco! ¡Vaya cerdo! ¡Vaya cerdo! ¡Vaya cerdo! Pero ¡vaya cerdo!

JACOBO. *(Crispado)*. Bueno, ¡ya basta, ya lo hemos entendido!

HUESO. Déjalo ya, Lucio.

CABALLO. *(En* off*)*. ¿Y yo conozco al cornudo?

HUESO. No, creo que no. *(Tapa el auricular con la mano y se vuelve hacia JACOBO)*. ¿A usted le han hecho alguna inspección?

JACOBO. *(Seco)*. No.

HUESO. *(Por teléfono)*. No, no lo conoces. ¿Cuál es la dirección?

CABALLO. *(En* off*)*. ¡Vaya cerdo!

HUESO. ¡Lucio!

CABALLO. Ahora mismo no puedo contestarte, no me sé la dirección de memoria, está en Hacienda, en el expediente. Mañana por la mañana te la diré.

JACOBO. *(Tenso)*. ¡No voy a esperar a mañana por la mañana!

HUESO. *(Por teléfono)*. Lucio, es urgente. Te lo pido como un favor personal. ¿Puedes acercarte a Hacienda ahora mismo?

CABALLO. *(En* off*)*. ¿Ahora mismo? Tú estás mal de la chaveta, ¿no? ¿Y el partido?

HUESO. Grábalo. Podemos ver la segunda parte juntos.

CABALLO. *(En* off*)*. No puedo, Carmen me ha pedido que le grabe *Gran Hermano*. Ha ido a cenar a casa de su madre.

JACOBO. *(A HUESO)*. ¡Se lo vamos a grabar!

HUESO. *(Por teléfono)*. Te prometo que te lo vamos a grabar, Lucio. Te lo pido por favor, ve pitando a Hacienda, ¡hazlo por mí!

CABALLO. *(En* off, *vacilando)*. ¡Serás plasta! ¡Ni siquiera he cenado!

JACOBO. *(A HUESO)*. ¡Puede picar algo aquí!

HUESO. *(Por teléfono)*. Mi amigo te invita a cenar. Vive en la calle Jorge Juan, número 7, a cinco minutos de Hacienda.

CABALLO. *(En* off*)*. Pero ¡si yo no conozco a tu cornudo!

HUESO. Es muy simpático.

CABALLO. *(En* off, *cediendo)*. ¡Serás plasta!

HUESO. *(Con gravedad)*. He dicho «Força Barça!», Lucio, he dicho «Força Barça!» mil veces.

CABALLO. *(En* off*)*. ¿Calle Jorge Juan, número 7?

HUESO. Quinto izquierda.

CABALLO. *(En* off*)*. ¡Hasta ahora!

(Cuelga. HUESO también cuelga, agotado pero pletórico).

Hueso. ¡Hemos ganado, señor cornudo!... *(Rectifica).* Señor Agudo, quiero decir... No ha sido fácil, pero ¡hemos ganado!

Jacobo. Ahora hay que grabarle el partido a ese retrasado.

Blanco. Sí, aunque yo me tomaría un *whisky*.

(Jacobo y Blanco se dirigen hacia el mueble bar).

Hueso. Caballo no es un retrasado, para nada. Es uno de los mejores inspectores de la agencia. En la vida cotidiana es muy raro, pero en el curro, ¡ojo! *(Señala el decorado con un gesto circular).* Si lo deja en un piso así, ¡hace estragos, créame!

(Jacobo y Blanco, que estaban de espaldas, se dan la vuelta hacia Hueso, repentinamente en alerta, y dejan los vasos en el mueble bar. Hueso observa otra vez el decorado, pero en esta ocasión con un destello de preocupación).

Hueso. ¿Me ha dicho que nunca le han hecho una inspección?

Jacobo. No, pero no tengo nada que ocultar.

Hueso. Nadie tiene nada que ocultar, Jacobo, ¡pero luego llegan las sanciones!

Blanco. Pensándolo bien, no creo que sea muy prudente invitar a un inspector de Hacienda a casa.

HUESO. Sobre todo a Caballo.

JACOBO. *(Se pone nervioso).* Pero ¡si yo no lo he invitado!

HUESO. ¡Claro que sí! Perdone, pero usted ha dicho: «Puede picar algo aquí», y yo se lo he transmitido, eso es todo.

JACOBO. Bueno, se supone que soy amigo suyo. ¡No creo que haga horas extra en mi casa!

HUESO. Usted no conoce a Caballo. Inspeccionaría hasta a su madre.

JACOBO. ¡Yo no tengo ningún interés en conocer a ese tipo! ¡Espérelo en el rellano y apunte la dirección de Montante!

HUESO. Le va a parecer sospechoso.

JACOBO. ¡Me importa un carajo!

HUESO. Escuche, si no tiene nada que ocultar, si todos esos cuadros y esos adornos son legales, no habrá ningún problema... ¿Qué le ofrecemos de comer?

JACOBO. *(Preocupado).* ¿Cómo?

HUESO. Usted lo ha invitado a cenar. ¿Qué le servimos? ¡Porque Caballo es un tragaldabas!

JACOBO. *(Con la cabeza en otro lugar).* Hay congelados... Y huevos, creo...

HUESO. Yo me encargo. Le vamos a hacer una buena cena. Si come bien, no será tan duro.

(Sale. JACOBO mira a su alrededor, preocupado. BLANCO le señala un cuadro de Dalí).

BLANCO. ¿Ese es falso?

JACOBO. ¿Tú qué crees? *(Intenta descolgar el cuadro y hace una mueca de dolor).* ¡Ay!

BLANCO. *(Yendo a ayudarlo).* Cuidado con la espalda.

JACOBO. *(En un arranque de cólera).* ¡Estoy harto, harto!

(Cruzan el salón, llevando entre los dos el cuadro, y se detienen un instante para recuperar el aliento).

BLANCO. ¿Dónde lo metemos?

JACOBO. En mi habitación. Lo vamos a meter todo en mi habitación. *(BLANCO se echa a reír. JACOBO se vuelve hacia él).* No seas malvado, Justo, que así ya es bastante duro... ¡Deja de reírte como un poseso!

BLANCO. *(Risueño).* ¡Un idiota que en menos de una hora empuja a tu mujer al adulterio y a ti a una inspección fiscal es como poco, prodigioso!

(Siguen llevando el cuadro hacia el dormitorio. BLANCO continúa riéndose mientras cae el telón).

SEGUNDO ACTO

(Mismo decorado, pero mucho más sobrio. Todo lo que tenía valor en la estancia se ha hecho desaparecer. En el salón, que ahora parece de lo más austero, solo quedan algunos muebles indispensables.

En medio de la estancia han colocado una mesita de bridge *para la cena de* Caballo. Blanco *entra en escena con un plato y unos cubiertos en la mano, apresurándose.* Jacobo *lo sigue con una botella de vino en la mano. Sin dejar de observar la botella,* Blanco *se pone a olfatear).*

Blanco. ¿Qué vino es este?

Jacobo. Un Vega Sicilia del 82.

Blanco. ¡No puedes darle un vino que se ve a la legua que es carísimo!

Jacobo. Lo siento, pero es lo que tengo.

Hueso. *(En* off*).* ¡Dale, dale!

Jacobo. *(Grita).* ¡Ya basta, cretino!

Blanco. *(Para calmarlo).* Debe de haber marcado el Athletic.

Jacobo. ¡Me importa un carajo!

Blanco. *(Le arrebata la botella y la copa de las manos).* Cálmate, debemos solucionar este problema. *(Prueba el vino).* ¡Oh, qué exquisitez!

Jacobo. Pues sí, está bueno.

Blanco. ¿No tienes ningún vino sencillo?

Jacobo. *(Poniéndose nervioso).* ¡No, no tengo ningún vino sencillo! ¡Llevo toda la vida trabajando, deslomándome para no tener ningún vino sencillo! En mi bodega solo hay buenos vinos. Si Caballo tiene sed, ¡que beba agua!

Hueso. *(En* off*).* ¡Penalti! ¡Penalti! ¡Eso es penalti!

Jacobo. ¡Le voy a dar un puñetazo en toda la cara!

Blanco. No, Jacobo, lo necesitas. Ahora debes calmarte.

(Hueso sale de la salita, pletórico, y le da una palmada afectuosa a Jacobo en la barriga).

Hueso. ¡No han conseguido empatar!

(Jacobo intenta darle un puñetazo a Hueso, pero Blanco le sujeta el brazo en alto. Le levanta el otro, de manera que ambos forman una uve de victoria).

Blanco. ¡Aúpa Athletic!

Hueso. ¡Sí! ¡Aúpa Athletic! ¡Aúpa Athletic! ¡Aúpa...

Blanco. *(A Hueso, interrumpiéndolo).* ¿Entiende de vino, Caballo?

HUESO. ¿Caballo? ¿De vino? ¡Sí, claro que entiende! He visto que ha abierto una buena botella. Seguro que lo aprecia.

BLANCO. ¿Lo oyes, Jacobo? Tenemos un verdadero problema.

JACOBO. ¡Yo te arreglaré el problema, ya lo verás!

(Desaparece en la cocina. HUESO se vuelve hacia BLANCO).

HUESO. ¿Qué problema?

BLANCO. El vino.

HUESO. *(Huele la botella).* Tiene buena nariz...

(JACOBO vuelve con una botella de vinagre).

JACOBO. ¿Quieres un vino sencillo? Pues aquí tienes un vino sencillo.

(Vierte vinagre en la botella de vino).

BLANCO. ¿Qué haces?

JACOBO. Meto vinagre en el Vega Sicilia. Es un truco que te doy por si quieres transformar un gran vino en un vino peleón. *(Agita la mezcla).* ¡Ya está! ¡El gran Vega Sicilia de garrafa! *(Sirve una copa de la mezcla y se la tiende a BLANCO).* ¡Pruébalo!

BLANCO. No, no. Pruébalo tú.

(JACOBO le tiende la copa a HUESO, que también la rechaza).

HUESO. No, gracias.

(JACOBO prueba la mezcla).

BLANCO. ¿Qué tal?
JACOBO. Raro... *(Vuelve a probarlo).* Qué raro, me parece que le da cuerpo...

(BLANCO le quita la copa y lo prueba a su vez).

BLANCO. ¡Mierda!
JACOBO. No sabe peor, ¿verdad? Incluso sabe mejor, ¿no crees?
BLANCO. Desde luego.
HUESO. A ver... *(BLANCO le da un sorbo).* ¡Ah, sí! Pues está bien saberlo.

(JACOBO vierte el doble de vinagre en la botella de vino).

JACOBO. ¡Así debería bastar! *(Sirve a BLANCO, que vuelve a darle a probar el vino a HUESO, que se atraganta y está a punto de vomitar).* ¡Perfecto!
BLANCO. *(A HUESO).* ¿Se encuentra bien? *(HUESO hace una mueca y un gesto con la mano que significa que*

no se encuentra demasiado bien. Suena el timbre del interfono. BLANCO, *tenso).* ¡Aquí está!

HUESO. *(Va hasta el interfono y descuelga el teléfono).* Lucio, ¿eres tú?

CABALLO. *(En off).* Afirmativo.

HUESO. *(Con la voz aún ronca).* Quinto izquierda.

> *(Abre la puerta de entrada.* BLANCO *se vuelve hacia* JACOBO *y le señala la botella de vino).*

BLANCO. ¡No irás a darle esto para beber!

JACOBO. *(Tenso, con la mirada fija en la puerta).* ¡¡¡Shhh!!!

BLANCO. ¡A un inspector de Hacienda no puedes darle vinagre para beber!

JACOBO. Pues nos hemos equivocado.

> *(En la puerta aparece* CABALLO, *con una cartera en la mano. Tiene un aspecto jovial e inquietante a la vez).*

CABALLO. Buenas noches.

HUESO. Gracias por venir. *(Los presenta).* Lucio Caballo... Jacobo Agudo, Justo Blanco.

JACOBO. Señor Caballo, le agradezco enormemente que se haya tomado la molestia de...

> *(*CABALLO, *que estaba inspeccionando el lugar de manera mecánica, lo corta).*

Caballo. ¡No me diga nada!

Jacobo. ¿Cómo?

Caballo. ¡No me diga nada del partido!

Hueso. No, no, el Athletic ha empatado, pero aparte de eso no te digo nada.

Caballo. *(Con una voz neutra).* ¿El Athletic ha empatado? *(A Blanco y Jacobo).* ¿El Athletic ha empatado?

Hueso. *(Encantado).* ¡No, claro que no, es broma!

Caballo. *(Se le ilumina la cara).* ¡Será idiota! ¡Será idiota! *(A Jacobo y Blanco).* Es idiota, ¿eh?

> *(Jacobo y Blanco se miran con complicidad. Hueso sigue a todas luces encantado con su broma).*

Hueso. ¡Menuda cara ha puesto cuando le he dicho que el Athletic había empatado! ¡Menuda cara!

Caballo. ¡Mírenlo! ¡Qué contento está! ¡Eso le va a redondear la noche!

Jacobo. *(Tenso).* Señor Caballo, disculpe, pero el tiempo apremia. ¿Tiene la dirección?

Hueso. *(A Caballo, con una expresión seria).* El señor Agudo es el hombre de quien te he hablado por teléfono.

Caballo. *(Se echa a reír y se inclina para hablar al oído a Hueso).* ¡Ah, sí, el...! *(Hueso se inclina a su vez para hablar al oído a Caballo, que se aguanta la risa. Luego los dos miran a Jacobo con una expresión falsamente compasiva).* Aquí está la dirección...

(Dando unos golpecitos a su maletín). (A Hueso). ¡Me muero de hambre!

Hueso. Te he hecho una tortilla a las finas hierbas. Siéntate.

(Sale. Caballo se sienta a la mesa).

Caballo. ¿Soy el único que va a cenar?

Jacobo. Sí, ya hemos cenado... *(Disimulando a duras penas su impaciencia).* Bueno, ¿dónde está el picadero?

Caballo. Aquí está, aquí está. *(Abre su cartera de mano).* Ahora recuerdo que hace tres años inspeccioné a un Agudo, Miguel Agudo. ¿Es pariente suyo?

Jacobo. ¿Miguel Agudo? Podría ser. ¿Dónde vive?

Caballo. En la cárcel. Le cayeron cinco años. Era muy simpático, tenía un pisazo como usted que acabó en una subasta judicial. *(Saca un expediente muy grueso de la cartera).* ¡Aquí está el seductor! *(Abre el expediente).* Encontrar el picadero será una paliza, porque el señor Montante tiene un montón de inmuebles. ¡Con la publicidad se forra! *(Levanta la mirada hacia Jacobo).* ¿Y usted a qué se dedica, señor Agudo?

Jacobo. Tengo una editorial.

Caballo. Eso también da mucho dinero, ¿no?

Jacobo. *(Tenso).* Sea amable, señor Caballo, por favor. Dígame la dirección.

Caballo. *(Vuelve al expediente).* Veamos, veamos... ¿Calle Serrano? No, esa es su residencia principal, donde vive con la señora Montante. Porque existe una señora Montante. Resulta que el señor Montante está casado, pero se pasa por la piedra a las mujeres de los demás, y hay una señora Montante que lo espera en la calle Serrano y que también aparece en su declaración... *(Levanta la mirada hacia JACOBO).* Entonces ¿me ha dicho que la editorial no le da mucho dinero, ¿no?

JACOBO. ¿La editorial...? No va mal, no.

BLANCO. *(Haciendo de refuerzo).* Ya no es lo que era, desde luego.

CABALLO. *(Se sirve una copa de vino).* ¿También soy el único que bebe?

JACOBO. Sí, ya hemos bebido... Es un vino sencillo de una cooperativa del pueblo que consigo a muy buen precio.

CABALLO. *(Mantiene la copa en la mano, pero no bebe y se enfrasca en el expediente).* ¿Calle Goya? No, esa no, la tiene alquilada. Pero ¿dónde está el picadero? *(Deja la copa y levanta la mirada hacia JACOBO).* ¿No fue usted quien publicó La siega verde?

JACOBO. *(Repentinamente inquieto). La siega verde...* Mmm, sí, quizá...

CABALLO. ¿Cómo que quizá? ¿No sabe lo que publica?

JACOBO. Es que se me mezclan un poco los títulos, ¿sabe? Pero *La siega verde* creo que es mío, sí.

CABALLO. ¿No es un *best seller*?

JACOBO. Sí... Bueno, sí y no, es un *best seller*, si quiere llamarlo así, pero...

BLANCO. *La siega verde* no es un *best seller* exactamente.

JACOBO. No, exactamente, no... Es un librito encantador que está funcionando bastante bien.

CABALLO. ¿Qué tirada hizo?

JACOBO. Ochocientos m...

BLANCO. No lo sabemos.

JACOBO. ¡No lo sé! No tengo las cifras en la cabeza.

BLANCO. No tiene las cifras en la cabeza.

CABALLO. No tiene las cifras en la cabeza.

JACOBO. *(Impaciente).* ¡Ya hablaremos de la editorial en otro momento, señor Caballo! ¡La dirección, por favor!

CABALLO. ¡Me cuenta que la editorial no va mal y saca el *best seller* del año!

JACOBO. *(Estalla).* ¡No es un *best seller*, carajo! ¡Nadie ha leído ese maldito libro!

HUESO. *(Vuelve al salón).* ¡Sí, yo! ¡Yo lo leí y me pareció muy bueno!

BLANCO. *(Intentando ser gracioso).* ¡Ah! ¿Conque fue usted? *(A JACOBO).* ¡Ya te dije que tuvo un lector!

HUESO. ¡Qué va, tuvo muchos! Lo sé porque, cuando lo compré, le pregunté al librero: «¿Cuál es el que más se vende ahora mismo?».

JACOBO. *(Fusilándolo con la mirada).* ¿Y si se ocupa de la tortilla?

HUESO. Ya está lista... Se lo aseguro, señor Agudo: no se preocupe, su libro ha funcionado bien. En

Hacienda, todo el mundo lo ha leído... Bueno, al menos en el departamento de contabilidad.

(Regresa a la cocina).

BLANCO. Bueno, sí, supongamos que es un libro que gusta a los contables. No va a llegar muy lejos.

JACOBO. No, no es gran cosa, efectivamente.

HUESO. *(Vuelve con la tortilla).* Pues en eso tampoco estoy de acuerdo. Si cuenta los contables funcionarios, los contables de empresas, los profesores de contabilidad...

JACOBO. *(Lo corta, a punto de estallar).* ¡Ahora no es momento de contar los contables! No sé dónde está mi mujer, ¡déjeme en paz con los contables!

HUESO. Sí, perdone. *(A CABALLO).* Date prisa en encontrar el picadero, Lucio. Ya ves que el pobre señor Agudo está en ascuas...

(CABALLO sonríe a JACOBO con amargura).

CABALLO. Menos mal que tiene un *best seller* para levantarle la moral... *(Vuelve a enfrascarse en el expediente, mientras HUESO regresa a la cocina).* Calle Huertas, también está alquilado... Vaya, el alquiler es muy modesto, no me extrañaría que tuvieran un acuerdo para pagar una parte en negro...

(*Hueso sale de la cocina con un pimentero*).

Hueso. *(A Jacobo)*. Otro de sus libros ha funcionado bien. Es *Flashback*. En Hacienda lo leyó todo el mundo.

Caballo. *(Interesado)*. ¿*Flashback*? ¿También es suyo?

Jacobo. *(Con una voz neutra)*. El tiempo apremia, señor Caballo. ¿No podría ir un poco más deprisa?

Caballo. Disculpe, no se puede bailar más deprisa que la música. *(Hojea el expediente)*. Esto son las oficinas, no nos interesa... Oficinas... Oficinas... *(A Jacobo)*. ¡*Flashback*! ¡Otro fenómeno! A ver qué tal la tortilla. ¡*Flashback*!...

(*Se come un trozo de tortilla y hace una mueca*).

Hueso. ¿No está rica?

Caballo. ¡Está deliciosa, Paco!

Hueso. ¡Qué bromista!, ¿eh?

Caballo. Un manjar, Paco.

Hueso. Gracias, Lucio. Una buena tortilla, cuando es buena, es realmente buena. Mi truco es añadirle un chorrito de cerveza después de batir los huevos, así...

Jacobo. *(Estalla)*. ¡La dirección, carajo!

Caballo. *(Levanta la mirada hacia Jacobo)*. ¿Le han hecho algún embargo recientemente?

Jacobo. No, ¿por qué?

CABALLO. Porque en las paredes hay unas marcas más claras, como si hubieran quitado cuadros.

HUESO. *(Admirado)*. ¡Lo ve todo! ¡Es genial!, ¿verdad? ¡Lo ve todo! ¡Eres genial, Lucio!

(JACOBO lo fusila con la mirada. BLANCO interviene).

BLANCO. ¿Ha venido a ayudarlo o a hacerle una inspección, señor Caballo?

HUESO. ¡Claro que no, ha venido a ayudar! Eh, Lucio, date un poco de prisa, el pobre señor Agudo...

(CABALLO vuelve a enfrascarse en el expediente, farfullando entre dientes).

CABALLO. El pobre señor Agudo, el pobre señor Agudo... Bueno, vale, Pascual Montante es un mujeriego, pero, como dicen en mi pueblo: «Si mi gallo anda suelto, vigilad a vuestras gallinas». *(BLANCO y JACOBO se miran. CABALLO y HUESO se echan a reír a carcajadas).* ¡Aquí está! *(Saca una hoja del expediente).* Calle Andalucía, ya sabía yo que estaba cerca del Retiro... Calle Andalucía, 4.

HUESO. Gracias, Lucio.

JACOBO. Allá voy.

BLANCO. ¡No, espera, primero hay que asegurarse de que ella está allí! *(JACOBO se queda quieto. BLANCO continúa)*. ¡No vas a presentarte en plena noche en casa de ese tipo sin saber si tu mujer está allí!

CABALLO. Para empezar, no le va a abrir. ¡Montante es muy desconfiado!

JACOBO. ¡Derribaré la puerta!

BLANCO. No es tan sencillo derribar una puerta.

HUESO. Sobre todo, si está blindada.

BLANCO. Y, aunque lo consigas, si después de derribar la puerta Cristina no está allí, ¿qué haces?

(JACOBO parece perplejo. HUESO propone).

HUESO. ¿Y si lo llamamos?

JACOBO. ¿Para qué? ¿Para preguntarle si mi mujer está en su cama? Seguro que me contesta: «Sí, claro, aquí está, bien abrigada con el edredón...».

CABALLO. *(Riéndose).* ¡Con el edredón! ¡Con el edredón! *(A HUESO, que también se ríe).* Edredón, edredón...

HUESO. ¡Enredón! *(A CABALLO).* Edredón, edredón...

CABALLO. ¡Enredón!

JACOBO. ¡Basta!

(CABALLO y HUESO se sobresaltan. CABALLO adopta una expresión seria, se levanta y pasa un dedo por un velador).

CABALLO. Aquí había alguna escultura. Se ve por el polvo de alrededor.

HUESO. *(Admirado)*. Ya se lo había dicho; es un profesional extraordinario. ¡Bravo, Lucio!

CABALLO. Me vas a sacar los colores, Paco.

HUESO. No seas modesto, Lucio. ¡Has pillado a un montón de defraudadores!

JACOBO. *(A BLANCO)*. ¡Que se marchen ahora mismo, ya tenemos la dirección, que se marchen los dos!

BLANCO. *(A HUESO y a CABALLO)*. Se lo ruego, paren un poco. *(A JACOBO)*. Creo que tengo una idea... Jacobo, ¿me oyes? Creo que tengo una idea.

JACOBO. Dime.

BLANCO. Hay que asustarlo... A Montante hay que asustarlo para que se quite la careta.

JACOBO. Pero ¿cómo?

BLANCO. Lo llamamos por teléfono y le decimos que estás al corriente, que sabes que tu mujer está en su casa y que vas a ir con la intención de destrozarlo todo. Incluso podemos decirle que no estás solo, que vas con tres empleados y que llevan barras de hierro.

JACOBO. *(Recuperando la esperanza)*. No está mal...

BLANCO. O tu mujer está con él y la echa porque se acobarda, o no está con él y nos damos cuenta enseguida.

HUESO. Sí, eso está muy bien, muy buena táctica.

JACOBO. *(A BLANCO)*. ¿Qué significa eso de lo llamamos? ¿Quién lo llama? Yo no puedo, me conoce, reconocería mi voz.

BLANCO. *(Preocupado)*. A mí también me conoce.

Caballo. Yo tampoco puedo llamarle; últimamente me paso el día con él.

(Todos se vuelven hacia Hueso, que sonríe).

Hueso. Creo que me van a necesitar.

Jacobo. *(Horrorizado).* ¡Oh, no!

Hueso. ¡Oh, sí!

Jacobo. ¡Oh, no!

Blanco. Es el único que puede hacerlo, Jacobo.

Jacobo. ¡Oh, no!

Hueso. Estoy listo. Vamos, me siento muy preparado.

Jacobo. *(Sigue horrorizado).* ¡Ay!

Blanco. Le explicaremos bien qué debe hacer y no habrá ningún problema.

Jacobo. *(A punto de echarse a llorar).* ¡Ya verás la de problemas que habrá!

Hueso. *(Herido).* Yo quiero ayudarle, pero, si usted no quiere, da igual, eh... No me voy a pelear.

Blanco. ¡Sí, sí, no se vaya! *(A Jacobo).* ¿De parte de quién lo llamamos?

Jacobo. ¿Cómo?

Blanco. Hay que llamarlo de parte de algún amigo suyo, de alguien que pueda tener el número del picadero; si no, parecerá raro.

Caballo. Puede llamarlo de parte de Pablo Jaco, su socio; son uña y carne.

Blanco. Perfecto, pues lo llamamos de parte de Jaco.

JACOBO. ¿Por qué no llama él mismo?

BLANCO. ¿Cómo?

JACOBO. ¿Por qué Jaco hace llamar a otro? Montante lo va a encontrar raro.

CABALLO. Jaco no puede llamar, está en el avión. Hoy se iba a Los Ángeles; me lo ha dicho Montante.

BLANCO. ¡Pues entonces todo encaja! Llamamos de parte de Jaco, que no ha podido localizar a Montante antes de subirse al avión.

HUESO. Pues ya está, ¡impecable!

BLANCO. ¿Ha entendido bien la estrategia?

HUESO. Es muy clara, sí.

BLANCO. Pues ¡vamos allá!

(HUESO se dirige hacia el teléfono).

HUESO. ¡Vamos, que nos vamos!

JACOBO. ¡Alto ahí! ¡Debe repetirlo!

BLANCO. No hace falta, si...

JACOBO. *(Imperioso).* ¡Sé lo que digo! ¡Debe repetirlo! ¡Y muchísimas veces! *(Agarra a HUESO por el brazo y lo hace sentar en el sofá).* Repita después de mí: «Buenas noches, le llamo de parte de Pablo Jaco. Ha intentado localizarlo antes de tomar el avión. Tenía un mensaje urgente para usted».

HUESO. De acuerdo.

JACOBO. ¡No! ¡Repítalo! Yo soy Pascual Montante y usted me llama. Repita lo que acabo de decir.

Hueso. Yo soy Pascual Montante y usted me llama. Repita lo que acabo de decir.

Jacobo. *(Tenso).* ¡Eso no! ¡Lo que le he dicho antes!

Hueso. *(A regañadientes).* Hola, le llamo de parte de Pablo Jaco...

Blanco. Muy bien.

Hueso. Ha intentado localizarlo antes de tomar el avión. Tenía un mensaje urgente para usted.

Blanco. ¡Perfecto! *(A Jacobo).* Perfecto, ¿verdad?

Jacobo. Esperemos la continuación. *(A Hueso).* Y añada: «Agudo está al corriente».

Hueso. De acuerdo.

Jacobo. ¡No! ¡Repítalo!

Caballo. Ya basta, lo ha entendido. Tampoco es idiota, ¿no?

(Jacobo y Blanco se miran).

Jacobo. No, pero... Vamos, señor Hueso: «Agudo está al corriente».

(Jacobo se aclara la garganta).

Hueso. Agudo está al corriente. *(Hueso también se aclara la garganta).*

Jacobo. ¡No, eso no! *(Blanco pone la mano en el hombro de Jacobo para calmarlo).* Montante contesta: «¿Cómo?» y usted dice: «Agudo está al corriente de lo de su mujer y está yendo a su casa». Y Montante pregunta: «¿Con quién hablo?». Y usted contesta: «No me conoce, soy un amigo de Jaco, me ha pedido que le dijera que Agudo está llegando y que no va solo...».

HUESO. *(Enlazando)*. «... lo acompañan tres de sus empleados armados con barras de hierro y están dispuestos a destrozarlo todo».

BLANCO. ¡Bravo!

CABALLO. Se le da bien, ¿eh?

HUESO. *(Modesto)*. Solo hay que hacer de loro.

BLANCO. ¡Pues lo hace perfectamente!

HUESO. Quizá podría improvisar un poco...

JACOBO. *(Grita)*. ¡No!

HUESO. ¡No grite así, que me ha asustado!

JACOBO. Repita lo que le acabo de decir palabra por palabra, ¿de acuerdo?

HUESO. *(Un poco abatido)*. De acuerdo.

BLANCO. *(A JACOBO)*. ¿Lo intentamos?

JACOBO. *(Mira a HUESO, atormentado)*. No lo sé... Me da miedo.

CABALLO. ¿El qué? La estrategia es excelente, ¡intimidamos a ese tipo y se rinde!

JACOBO. No me da miedo la estrategia, sino el estratega.

HUESO. ¿Quiere que vuelva a repetirlo otra vez?

CABALLO. *(Chistoso)*. Hablando de repetir, ¿conoces el chiste del loro que repite todo el rato: «¡Cuidado con el escalón!», «¡Cuidado con el escalón!»?

HUESO. *(Sonriendo ya)*. No.

CABALLO. Y todo el mundo se parte la cara porque no hay ningún escalón.

HUESO. Excelente... Es excelente, ¿eh? ¡Tengo que contarlo! ¿Cómo haces el loro?

CABALLO. Cuidado con el escalón... Cuidado con el escalón...

HUESO. Cuidado con el escalón... Cuidado con el escalón...

CABALLO. ¡No! Relajado... ¡Relajado!

HUESO. Cuidado con el escalón... Cuidado con el escalón...

JACOBO. *(A BLANCO)*. ¿Ves dónde nos hemos metido?

BLANCO. No queda otra solución, Jacobo. *(A HUESO)*. Vamos allá, señor Hueso.

(BLANCO empuja a HUESO por los hombros y lo hace sentar en el sofá).

HUESO. Cuidado con el escalón... ¡Perdone! ¡Vamos allá! *(A CABALLO)*. ¿Cuál es el número?

CABALLO. *(Consulta el expediente)*. 91 474 59 63.

HUESO. ¡Preparados!

(Empieza a marcar el número en el teléfono. JACOBO lo observa, angustiado).

JACOBO. No lo conseguirá.

CABALLO. ¡Claro que sí! Paco es muy preciso; es el contable más preciso de Hacienda.

HUESO. Gracias, Lucio. *(A JACOBO)*. Ya se oye la señal.

JACOBO. Ponga el altavoz.

(HUESO obedece. La señal resuena en el altavoz. CABALLO, que asiste al espectáculo, se regocija).

CABALLO. Esperemos que todavía no lo hayan consumado.

JACOBO Y BLANCO. *(Tensos)*. ¡Shhh!

(La señal sigue resonando).

JACOBO. ¿Por qué no contesta?

CABALLO. *(Pérfido)*. Quizá tiene algo mejor que hacer.

JACOBO Y BLANCO. *(Juntos)*. ¡Shhh!

(La voz de MONTANTE por fin resuena en el altavoz).

MONTANTE. *(En off)*. ¿Diga?

CABALLO. Tiene la voz cansada. Eso es mala señal.

(JACOBO y BLANCO lo fulminan con la mirada).

JACOBO Y BLANCO. ¡Shhh!

(HUESO no se deja distraer).

HUESO. *(Por teléfono).* ¿Pascual Montante? Siento molestarlo. Lo llamo de parte de Pablo Jaco.

MONTANTE. *(En* off*).* ¿Sí?

HUESO. Ha intentado localizarlo antes de tomar el avión. Tenía un mensaje urgente para usted.

MONTANTE. *(En* off*).* Lo escucho.

HUESO. Agudo está al corriente.

MONTANTE. *(En* off*).* ¿Cómo?

HUESO. Jacobo Agudo está al corriente de lo de su mujer y está yendo a su casa para destrozarlo todo.

CABALLO. ¡Bravo, Paco!

JACOBO Y BLANCO. ¡Shhh!

MONTANTE. *(En* off*).* ¿Con quién hablo?

HUESO. No me conoce. Soy un amigo de Jaco que me ha pedido que le dijera que Agudo está llegando y que no va solo, lo acompañan tres de sus empleados armados con barras de hierro.

MONTANTE. *(En* off*).* Pero ¡ese tipo está chiflado! ¡Yo no estoy con su mujer!

(BLANCO levanta los brazos en señal de victoria. Hasta CABALLO parece aliviado con ese desenlace y levanta el pulgar).

HUESO. *(Por teléfono, insiste).* ¿De verdad no está con la mujer del señor Agudo?

MONTANTE. *(En* off*)*. ¡Claro que no! Lo ha cancelado.

HUESO. Eso no es lo que me ha dicho Jaco. Me ha dicho: «Está con la mujer de Agudo».

MONTANTE. *(En* off*)*. ¡Para nada! Estoy con la mujer de mi inspector de Hacienda.

HUESO. ¿Cómo?

> *(CABALLO, que se estaba comiendo un trozo de tortilla, relajado, se queda paralizado).*

MONTANTE. *(En* off*)*. ¡Un cabrón que me persigue desde hace tres semanas! ¡Me estoy tirando a su mujer! ¡No estoy con la de Agudo!

> *(HUESO cuelga el teléfono. En la estancia se hace un silencio incómodo. Luego CABALLO se distiende, se traga el bocado de tortilla y pregunta con una voz neutra).*

CABALLO. ¿Puedo usar su teléfono, por favor?

JACOBO. ¡Por supuesto!

> *(CABALLO marca el número, mientras sigue hablando con la misma voz neutra).*

CABALLO. Esta tarde ha ido de compras al barrio de Salamanca y le he dicho: «Oye, Carmen, ¿te importa llevar este formulario al despacho del señor Montante?».

¡Y ya ven! *(Por teléfono)*. Buenas noches, señor Montante. ¿Tendría usted la amabilidad de pasarme a la señora Caballo, ¿por favor? Me ha reconocido perfectamente, señor Montante. Nos vemos mañana a las nueve, como de costumbre, y lo repasamos todo desde el principio. Y ahora páseme a mi mujer, por favor... ¿Carmen?... No, no me expliques nada, quiero que te marches de allí inmediatamente, ¿me oyes? ¡Tienes un segundo! ¿Cómo?... ¡Claro, vístete, por supuesto que debes vestirte!... Carmen, no estoy solo, ahora no puedo hablar, ya charlaremos en casa... *(Antes de colgar, añade con tristeza)*. Carmen, te había grabado *Gran Hermano. (Agarra la copa de vino como un sonámbulo. Se lo bebe de un trago, se atraganta y lo escupe todo encima de la alfombra)*. ¿Qué es este vino?

JACOBO. Es un poco áspero, ¿verdad?

BLANCO. *(Falso)*. ¿A usted también le parece que está picado?

CABALLO. Voy a vomitar. ¿Dónde está el servicio?

JACOBO. En la primera puerta a la derecha.

HUESO. ¡Ven, Lucio!

> *(Acompaña a* CABALLO *al servicio, pero se equivoca de puerta y abre la del dormitorio de* JACOBO. *Varios cuadros, amontonados detrás de la puerta, caen a los pies de* CABALLO*)*.

JACOBO. *(Harto)*. Era la puerta de al lado, Hueso.

CABALLO. *(Con una voz ahogada).* ¡Qué habitación tan interesante!

JACOBO. Sí, la uso un poco de trastero, para guardar cosas viejas sin valor.

CABALLO. *(Trágico, a HUESO).* ¡Me importa un pito, Paco, me importa un pito!

HUESO. ¿El qué?

CABALLO. ¡Apesta a fraude fiscal y me importa un pito!

HUESO. *(Preocupado).* Debes recuperarte... Vuelve a casa enseguida y date una buena ducha. Debes recuperarte. *(Toma a CABALLO de la mano y lo acompaña hasta la mesa).* Mañana estarás mejor. Pondrás un montón de sanciones y ya está. No te olvides de la cartera. *(HUESO recoge su cartera de mano y su expediente y se lo entrega a CABALLO).* ¿Quieres que te dé la grabación del partido? Ya debe de haber terminado.

CABALLO. No, gracias, Paco, esta noche ya no tengo la cabeza para el fútbol. *(Se detiene en el umbral de la puerta).* Adiós, señor Agudo; adiós, señor Blanco.

JACOBO. Adiós, señor Caballo, y siento las molestias.

CABALLO. *(Aún abatido).* ¡Al contrario! *(Sale y vuelve a aparecer en el marco de la puerta).* Volveremos a vernos dentro de poco, porque le voy a hacer una inspección. *(Gesto circular).* Todo esto es muy turbio.

(Sale. JACOBO hace una observación).

Jacobo. Al menos se ha recuperado enseguida. *(Suena el timbre del interfono. Sorprendido).* ¿Ahora quién es?

Blanco. ¿Cristina?

Jacobo. Pero si tiene la llave... ¡Joder, es la otra loca!

Blanco. ¿Malena?

Jacobo. *(En pánico).* Sí, es ella, estoy seguro. ¡No nos movamos, no abramos, no quiero verla!

Blanco. Quizá no es ella.

Jacobo. ¡Ya verás que es ella!

(Llaman a la puerta. Resuena la voz de Malena).

Malena. *(En* off). ¡Soy Malena, Jacobo!

Jacobo. ¿Ves como era ella?

Hueso. Le habrá abierto Caballo al salir del edificio.

Malena. *(En* off). Jacobo, me encuentro muy mal. *(Jacobo hace una señal a Blanco y Hueso para que guarden silencio. Malena insiste).* Ábreme, por favor, que quiero morirme.

(Jacobo levanta los brazos. Hueso es el único que se compadece de ella).

Hueso. No podemos dejar que se muera.

Blanco. *(A Jacobo).* No, si no, va a alborotar a todo el edificio.

(Va a abrir. MALENA entra. Tiene bastante mal aspecto).

MALENA. Siento molestarte, pero es que me encontraba fatal... *(Echa un vistazo a su alrededor).* ¿Dónde has metido los muebles?

JACOBO. ¡Eso qué más da! ¿Qué carajo te pasa ahora?

MALENA. Al salir de aquí, estaba tan desesperada que he ido a un bar y me he tomado tres vodkas... Me has mentido durante dos años diciendo que ibas a dejar a tu mujer, y mira cómo me tratas, ahora...

JACOBO. Malena, lo siento, pero ahora no es el momento de hablar de todo esto...

MALENA. Te quiero, Jacobo, te quiero desde el día que me llamaste a tu despacho para hablar de mi libro y me dijiste: «Estaríamos mejor en el diván».

(BLANCO, a quien eso le trae malos recuerdos, se vuelve hacia JACOBO).

BLANCO. Bueno, te dejo.

JACOBO. No, espera, no te marches todavía.

BLANCO. Si no tuvieras la mala costumbre de quedarte a las autoras además de sus libros, ¡no tendrías tantos problemas! ¡Buenas noches!

(Sale. JACOBO se vuelve hacia MALENA).

JACOBO. Bueno, Malena, ahora vuelve a casa. El señor Hueso, que ya se marchaba, te llevará en coche... ¿Le importa acompañarla, señor Hueso?

HUESO. Para nada, al contrario.

MALENA. Ten cuidado, Jacobo. Si me tratas con tanta maldad, me perderás a mí también, igual que la has perdido a ella. Y acabarás completamente solo. Los malvados siempre acaban solos.

(Suena el teléfono. HUESO se lo da a JACOBO, que lo descuelga).

JACOBO. ¿Diga?... Sí, soy yo... *(Repentinamente preocupado).* Sí, soy el marido de Cristina Flores. ¿Por qué? ¿Le ha ocurrido algo? *(Con una voz neutra).* No... ¿En qué hospital está? ¡Ahora mismo voy! *(Cuelga y se vuelve hacia HUESO, con el rostro desencajado).* Era la Policía, ha tenido un accidente de coche, está en el San Carlos.

(Se dirige a su dormitorio).

HUESO. ¿Es grave?

JACOBO. No, según la poli, no, solo un traumatismo, pero tiene que pasar la noche en observación. Me visto y voy. *(Gesto hacia MALENA).* ¡Quítemela de encima, por el amor de Dios!

(Desaparece en su dormitorio. Hueso, a todas luces desamparado, se vuelve hacia Malena).

Malena. No se preocupe, que ya me voy. *(Se pone en pie, pero tiene que sentarse de nuevo).* Madre mía...
Hueso. ¿No se encuentra bien?
Malena. No estoy acostumbrada a beber y...
Hueso. Usted necesita un café bien cargado.

(Se dirige hacia la cafetera del mueble bar).

Malena. ¡Vaya cabrón!
Hueso. No diga eso, está pasando por un momento difícil y...
Malena. Volveré a la India, yo. Viví allí durante un año, en un *ashram*. Ya no quiero vivir aquí, la gente es demasiado grosera... ¿No querrá usted un perro, por casualidad?
Hueso. ¿Un perro? No, ¿por qué?
Malena. No puedo llevármelos allí, se los comerían.
Hueso. ¡No me diga!
Malena. Sí, de verdad, hace tres años me fui con Mickey, un pequeño mestizo muy inteligente, al que quería mucho...
Hueso. ¿Y se lo comieron?
Malena. Creo que sí... Me encontré su collar lleno de salsa de curri y...
Hueso. *(Le da el café).* ¡Qué horror!

MALENA. *(Toma el café)*. Gracias. No sabe lo hambrienta que está la gente allí... *(Se echa a llorar)*. ¿Cómo pude enamorarme de un cabrón así?

HUESO. *(Conmovido)*. No llore, Malena... Por favor, no llore...

MALENA. *(Solloza y se suena mecánicamente con la camisa de HUESO)*. Disculpe, ¿tiene algún pañuelo?

HUESO. *(Saca un pañuelo de su bolsillo)*. Tenga, está limpio.

MALENA. *(Se suena y luego limpia la camisa de HUESO y lo mira con simpatía)*. Usted tiene un buen karma.

HUESO. ¿Usted cree?

MALENA. Sí... Seguro que fue un delfín en una vida anterior, se le ve en los ojos.

HUESO. Me gustan los delfines.

MALENA. A mí también. *(Se bebe el café)*. Bueno, ¡en marcha!

HUESO. En marcha... ¿Podrá arreglárselas sola o quiere que la acompañe hasta el aparcamiento?

MALENA. No, no se moleste, no hace falta.

HUESO. ¡Claro que sí! Es lo más prudente. No quiero que se haga daño, ya ha sufrido bastante.

MALENA. *(Se echa a llorar otra vez y se abalanza en brazos de HUESO)*. ¿Por qué es usted tan amable y él tan malvado?

(Se entrega a sus brazos y él le da unos golpecitos en la espalda, incómodo).

HUESO. Vamos, vamos... Cálmese, Malena... Le aseguro que es una buena persona.

(MALENA se aparta de él y se dirige hacia el mueble bar).

MALENA. Yo también lo pensaba. ¿Dónde he dejado el bolso?... Sin embargo, tenía cosas que no me entusiasmaban... su manera de burlarse de todo, de convertirlo todo en burla...

HUESO. Tiene humor. Yo lo veo bien.

MALENA. Es divertido, pero siempre con maldad... como esas cenas que hace todos los martes con sus amigos... De hecho, si no tuviera lumbago, ahora mismo estaría burlándose de un pobre desgraciado... Pero ¿dónde he dejado el bolso? ¡Aquí está!

(Recoge el bolso y saca su polvera).

HUESO. *(Frunce el ceño).* ¿Cómo que estaría burlándose de un pobre desgraciado?

MALENA. ¿No se lo ha contado?

HUESO. *(Sonríe).* No...

MALENA. Todas las semanas hacen una cena que llaman «cena de idiotas». A mí me parece cruel.

HUESO. *(Con una voz neutra).* ¿Una cena de idiotas?

MALENA. *(Inconsciente de su turbación).* Invitan al tipo más idiota posible para burlarse de él durante toda la velada. *(HUESO la observa, petrificado. Ella se retoca el maquillaje).* La semana pasada estaba loco de alegría porque había encontrado a un coleccionista de boliches... *(Se oyen los pasos de JACOBO, que se acerca. MALENA guarda su polvera en el bolso).* ¡Aquí está! Lo dejo, que no me apetece verlo. *(Le da un beso suave en los labios).* ¡Gracias por haber sido tan amable conmigo! ¡Llámeme pronto, amable delfín!

(Sale. HUESO se queda paralizado un instante, con una expresión vacía. JACOBO sale del dormitorio, vestido, listo para irse. Se alegra al darse cuenta de que MALENA se ha marchado).

JACOBO. ¡Ha conseguido echarla! ¡Bravo, amigo! *(HUESO lo mira, paralizado. JACOBO saca una rosa de un jarrón).* ¡En marcha! *(Se dirige a HUESO con unos andares aún tambaleantes).* ¡Espero poder conducir! *(Se detiene ante HUESO).* Su cartera de mano... *(HUESO no se mueve).* ¡Dese prisa, amigo!

HUESO. *(Sin mirarlo).* Señor Agudo...

JACOBO. ¿Sí?

HUESO. La cena de esta noche...

JACOBO. ¿Sí?

HUESO. ¿Qué era exactamente?

JACOBO. Ya se lo he dicho, una cena de amigos a quienes hablé de sus obras y querían conocerlo... Bueno, ¡ahora vámonos!

HUESO. ¿Y había otros invitados?

JACOBO. Sí, claro... ¿No podríamos hablar de todo eso en el ascensor?

HUESO. ¿Qué clase de invitados?

JACOBO. *(Repentinamente alerta).* ¿Qué significa este interrogatorio?

HUESO. Nada... Solo quería saber cómo reclutaba usted a sus invitados... ¿Por qué los elige? ¿Por el talento, por la inteligencia? ¿Cuáles son los criterios exactamente?

JACOBO. *(Tras una pausa).* ¿A dónde quiere llegar, señor Hueso?

HUESO. ¿Me ha invitado a una cena de idiotas, señor Agudo?

JACOBO. *(Fingiendo inocencia a la perfección).* ¿Una cena de idiotas? ¿Qué es eso?

HUESO. Se lo pregunto yo a usted.

JACOBO. Ya basta, no hace falta que siga, ya lo he entendido, ¡ha sido ella! ¡Sabía que esa loca acabaría liándola! ¿Qué carajo le ha contado?

HUESO. Que sus amigos y usted hacen una cena todas las semanas para burlarse de gente como yo.

JACOBO. ¿Y usted la ha creído? Pues debo reconocer que me sorprende, señor Hueso. Es una chica con la que acabo de romper delante de sus narices, que está furiosa y cuenta cualquier tontería para vengarse, ¡y usted la cree!

HUESO. No me ha dado la impresión de que contara cualquier tontería.

Jacobo. ¿También le ha hecho el numerito del buen karma? ¿Y usted qué era en una vida anterior? ¿Un león, una ballena, un pingüino?

Hueso. Un delfín.

Jacobo. ¡Pues parece que yo era un albatros! ¿Y se ha creído a esa chiflada? *(Regañándole amablemente).* Señor Hueso...

Hueso. *(Conmocionado).* Parecía tan sincera... Incluso me ha dicho que la semana pasada invitó usted a un coleccionista de boliches.

Jacobo. ¡Sí, claro! ¿Y sabe qué sirvieron para cenar? ¡Los restos del perro que se le comieron los indios! ¿A usted le parece serio?

Hueso. *(Cada vez más perturbado).* No, pero...

Jacobo. ¡Pues entonces vámonos, que ya hemos perdido suficiente tiempo con esto! *(Hueso vacila. Jacobo le mete prisa).* ¡Vamos, que mi mujer me espera, ya debería estar allí! *(Hueso se decide, pero a todas luces no está convencido. Se dirige hacia la puerta. Suena el teléfono. Jacobo vuelve al salón y contesta).* ¿Diga?... ¡Ah, eres tú, querida! Llego enseguida, ahora mismo iba a salir hacia el hospital. ¿Cómo te encuentras?... *(Cambia de expresión).* ¿Qué significa eso?... ¡Cristina, por favor, no empieces!... Pero es ridículo, te amo, ¡no te voy a dejar sola en el hospital!... Cristina, escúchame, te necesito, esta noche he entendido muchas cosas, ¿sabes?... ¡Para! ¡Esa chica me importa un pimiento!... ¡Claro que no es mi

150

amante, se lo ha inventado el tontaina de la cena!...
Escucha, llego en diez minutos; ya hablaremos de
todo de viva voz, ¿de acuerdo?... *(Grita).* ¡Cristina!

*(Cuelga, se queda paralizado un instante, luego deja
caer la rosa y se dirige al mueble bar. Se sirve un vaso
grande de* whisky, *sin mirar siquiera a* HUESO).

HUESO. El tontaina de la cena se marcha, pero antes
quisiera hacerle una pregunta.

JACOBO. *(Abatido, sin mirarlo).* ¡Déjeme en paz!

HUESO. No, necesito una respuesta: ¿por qué me invitó a esa cena, señor Agudo? *(JACOBO no contesta.
Da la impresión de haberse olvidado de la presencia
de HUESO. Se bebe un buen trago de* whisky). No
me marcharé hasta que me conteste. ¿Por qué me
invitó a esa cena?

JACOBO. *(Por fin se vuelve hacia él).* En cualquier caso,
puedo decirle algo. A causa de esa cena, llevo dos
horas recibiendo leches. Fuera una cena de idiotas
o no, lo he pagado muy caro. Y también puedo
decirle que, en una sola noche, usted ha vengado
a todos los idiotas que han participado en todas las
cenas de idiotas a lo largo de las épocas en todo el
mundo. Nada más. Buenas noches, señor Hueso.

*(HUESO lo mira un instante y luego habla con
tristeza).*

HUESO. Tenía razón ella; es usted malvado, señor Agudo.

JACOBO. ¡Pues sí, soy malvado! Cristina también lo dice, todo el mundo está de acuerdo, ya lo ve, ¡soy malvado, debería ponerlo en mi contestador! *(Se pone a cantar a ritmo de pasodoble).* ¡Vaya malvado, el señor Agudo, vaya malvado, el señor Agudo!

(Tiene una expresión desengañada. Se toma una pastilla y se bebe un buen trago de whisky*).*

HUESO. No debería mezclar alcohol y medicamentos.

JACOBO. ¿Por qué no? Sería una buena moraleja para esta historia: el malvado Agudo, abandonado por todos, se emborracha en su enorme piso vacío. Y el amable Hueso vuelve a casa con sus maquetas, pensando: «¡Se lo merecía, el muy cabrón!». *(De nuevo, se pone a cantar a ritmo de pasodoble).* ¡Vaya malvado, el señor Agudo; vaya sol, el señor Hueso! *(Se bebe otro trago de* whisky*. HUESO duda un poco, luego lanza la cartera de mano encima de un mueble, se acerca al teléfono y marca un número).* ¿Y ahora qué carajo hace?

HUESO. *(Por teléfono).* Buenas noches, quisiera el número del Hospital Clínico San Carlos, por favor.

JACOBO. ¡Ya está, ya vuelve a empezar!

HUESO. *(Por teléfono).* 91 330 30 00. Gracias.

(Cuelga y marca el número del hospital).

JACOBO. ¡No le pasarán la llamada! ¿Qué se ha creído usted? ¡Es un hospital, no una clínica privada!

>   *(HUESO pulsa la tecla del altavoz. En el salón resuena la señal del teléfono y luego la voz de una TELEFONISTA).*

TELEFONISTA. *(En* off*)*. Hospital Clínico San Carlos, ¿diga?

HUESO. *(Por teléfono)*. Buenas noches, quisiera hablar con la señora Cristina Flores, por favor. La han ingresado esta noche a causa de un accidente de coche.

TELEFONISTA. *(En* off*)*. Lo siento, pero los enfermos no pueden recibir llamadas telefónicas a partir de las nueve de la noche, señor. Vuelva a llamar mañana a partir de las nueve.

JACOBO. ¿Lo ve?

HUESO. *(Por teléfono)*. Tenga la amabilidad de pasarme a la señora Cristina Flores, por favor. Soy el doctor Ramos.

>   *(JACOBO lo mira, con los ojos como platos. En el otro extremo de la línea, la TELEFONISTA cambia de tono).*

TELEFONISTA. *(En* off*)*. Disculpe, doctor. Espere un momento, por favor, no cuelgue.

HUESO. *(Por teléfono, con autoridad)*. Tengo un poco de prisa, chica. Apresúrese, por favor.

> *(JACOBO aún abre más los ojos. Se oyen unos susurros en la otra punta de la línea y, de nuevo, la voz de la TELEFONISTA, rebosante de respeto).*

TELEFONISTA. *(En off)*. Le paso a la señora Flores, doctor Ramos.

HUESO. *(Por teléfono)*. ¡Gracias, bonita!

JACOBO. ¡Deje de hacer comedia, por favor! ¡Me acaba de colgar en las narices!

CRISTINA. *(En off)*. ¿Diga?

HUESO. *(Por teléfono)*. ¿Señora Flores?

CRISTINA. *(En off)*. Sí, buenas noches, doctor.

HUESO. *(Por teléfono)*. No, no soy el doctor Ramos, señora Flores.

CRISTINA. *(En off)*. ¿Con quién hablo entonces?

HUESO. *(Por teléfono)*. Soy el idiota de su marido.

> *(JACOBO se queda desencajado. CRISTINA también).*

CRISTINA. *(En off)*. ¿Cómo?

HUESO. *(Por teléfono)*. Nos hemos visto un momento hace un rato. Me llamo Francisco Hueso. Soy el idiota que su marido iba a llevar a cenar esta noche.

CRISTINA. *(En off, tras una pausa)*. Lo escucho.

HUESO. *(Por teléfono).* Acabo de enterarme de por qué me había invitado su marido y me siento... ya se lo puede imaginar. Sé que usted ha tenido un accidente de coche, pero creo que estoy tan en choque como usted... ¿Me oye?

CRISTINA. *(En* off*).* Sí, sí, diga.

HUESO. *(Por teléfono).* Pero no la llamo para darle pena, sino porque él me da pena a mí. No sé si es el hombre más malvado que he conocido, pero estoy seguro de que es el más desgraciado. Yo estaba delante cuando usted le ha dicho que no fuera al hospital y lo he visto tan perdido, tan infeliz, que he intentado olvidarme de que soy un idiota y he decidido llamarla... *(Silencio en el otro extremo de la línea).* ¿Señora Flores?

CRISTINA. *(En* off*).* ¿Sí?

HUESO. *(Por teléfono).* Mi mujer me dejó hace dos años y, aquel día, todo se desmoronó a mi alrededor. Sobreviví haciendo maquetas, pero, en el fondo de mí mismo, todavía hay un terreno en ruinas, y no le deseo eso a ningún hombre, ni siquiera a su marido.

CRISTINA. *(En* off*).* Supongo que está a su lado.

HUESO. *(Por teléfono).* ¿Cómo?

CRISTINA. *(En* off*).* Está a su lado y le dicta al oído este guion tan bonito y emotivo.

HUESO. *(Por teléfono).* Para nada, señora Flores. Le doy mi palabra de honor de que he sido yo quien ha tomado la iniciativa de llamarla y él no me ha dictado nada al oído.

CRISTINA. *(En* off, *escéptica).* Sí... Pero ¿está a su lado ahora mismo?

(HUESO vacila, echa un vistazo a JACOBO y se decide).

HUESO. *(Por teléfono).* No, estoy en la calle, la llamo desde el móvil.

CRISTINA. *(En* off*).* ¿Por qué me llama, exactamente?

HUESO. *(Por teléfono).* Señora Flores, durante dos horas he visto a su marido buscándola desesperadamente. ¡Incluso ha llegado al extremo de llamar a Pascual Montante a su picadero y de molestarlo cuando estaba en brazos de una mujer que no era usted!

CRISTINA. *(En* off, *divertida).* ¿Ha llamado a Pascual Montante?

HUESO. *(Por teléfono).* No se imagina todo lo que ha hecho esta noche por amor a usted. Se ha reconciliado con su mejor amigo, se ha desembarazado de su amante, incluso se ha enfrentado con un inspector de Hacienda. Ha hecho limpieza en su vida de una manera increíble, y ahora está solo en su enorme piso vacío, mezclando alcohol y medicamentos, y estoy muy preocupado por él, señora Flores. Porque sé que se puede morir de amor.

(JACOBO lo mira, muy emocionado. En el otro extremo de la línea, CRISTINA también parece conmovida).

CRISTINA. *(En* off*).* Lo pensaré... En cualquier caso, gracias por llamarme, señor Hueso.

HUESO. *(Por teléfono).* Adiós, señora Flores.

CRISTINA. *(En* off*).* Adiós.

(HUESO cuelga y se vuelve hacia JACOBO con una expresión vacía).

HUESO. Lo llamará.

JACOBO. *(Con un nudo en la garganta).* Señor Hueso...

HUESO. ¿Sí?

JACOBO. Iremos a cenar juntos, el próximo martes, pero esta vez será usted quien me invite. Y estoy seguro de que me llevaré la palma.

HUESO. Estoy agotado... Ser inteligente cansa horrores.

JACOBO. No lo sé, tendré que probarlo.

HUESO. En cualquier caso, tiene que prometerme algo, señor Agudo.

JACOBO. Lo que usted quiera, Francisco.

HUESO. Tiene que prometerme que se lo pensará dos veces antes de tratar a alguien de idiota.

JACOBO. Se lo prometo, Francisco, se lo juro.

(Suena el teléfono entre las manos de HUESO, *que lo descuelga de manera automática).*

HUESO. *(Por teléfono).* ¿Diga?... Sí, señora Flores, no cuelgue, ahora se lo paso... ¿Cómo?... *(Incómodo).* No, ya no estoy en la calle, vuelvo a estar en casa de su marido, efectivamente, pero se lo puedo explicar... ¿Me oye?... ¿Me oye?...

JACOBO. *(Estalla).* ¡Qué idiota! Pero ¡qué idiota! Pero ¡qué pedazo de idiota!

HUESO. *(Precipitadamente).* ¡Vuelvo a llamarla! ¡Vuelvo a llamarla! ¡Le digo que vuelvo a llamarla! ¡Todo se arreglará!

(Marca febrilmente el número de teléfono, mientras cae el telón y JACOBO *sigue poniendo al cielo por testigo).*

JACOBO. Pero ¡qué idiota! Pero ¡qué idiota! Pero ¡qué idiota!